I0816886

ESTE LIBRO
PERTENECE A:

ABRACADABRA

La guía para convertirte en mago con

Palomares Magic

Montena

Abracadabra

La guía para convertirte en mago con Palomares Magic

Primera edición: octubre, 2025

penguinlibros.com

ISBN: 978-607-386-361-2

Impreso en México – *Printed in Mexico*

ÍNDICE

BIENVENIDA 9

¿QUIÉN SOY? 10

¿QUÉ APRENDERÁS EN ESTE LIBRO? 13

EXPERIENCIAS INTERACTIVAS 17

ACERTIJOS Y ENIGMAS 43

APUESTAS QUE SIEMPRE GANARÁS 61

MAGIA CON CARTAS 85

MAGIA CON OBJETOS COTIDIANOS 113

MENTALISMO 143

BONUS 165

SOLUCIONES 171

DESPEDIDA 177

AGRADECIMIENTOS 179

¡HOLA!

Primero que nada, te tengo un acertijo:

El papá de *Pablo* tiene tres hijos: el primero se llama Lunes, el segundo se llama Martes. ¿Cómo se llama el tercero? (Y no, no se llama Miércoles).

Ahora sí, **¡un gusto conocerte!** Espero haber captado tu atención con este acertijo. Mientras sigues pensando en la respuesta, te quiero contar lo que vivirás al leer este libro. ¡Te prometo que no es una trampa para distraerte!

Bueno, tal vez sí, pero lo importante es que quiero agradecerte por tener este libro en tus manos. Desde niño he sentido fascinación por los juegos mentales, las ilusiones y la magia, y mi objetivo es transmitirte esta fascinación en cada una de estas hojas.

La verdad, me emociona muchísimo que tengas este libro en tus manos y espero que juntos exploremos este universo mágico.
Okey, ahora sí:

¡COMENCEMOS!

¿QUIÉN SOY?

MMMM, espera, te veo un poco pensativo. ¿Sigues buscando la respuesta del acertijo? Te anticipo que este libro está lleno de juegos y mensajes ocultos. Así que quiero presentarte a mi perrito Puffy, él me ayudó a escribirlo.

Así que, si en algún momento tienes una duda, él nos acompañará y ayudará en el camino.

¿Te ayudó a resolver el acertijo? Sí, la respuesta es Pablo.

Tal vez eres muy astuto y lo resolviste sin su ayuda. Si es así, ¡felicidades! Pero si eres como yo, que a veces necesito algunas pistas, no te preocupes: Puffy siempre estará para ayudarnos.

Quiero decirte que tal vez tú y yo seamos muy parecidos. Te platicaré un poco de mi historia para ver qué tanto conectamos. Desde muy chico, siempre he sido un poco tímido. Tenía unos cuantos amigos y me encantaba pasar tiempo a solas, explorando cosas que me generaban curiosidad. A los once años, toda la familia nos mudamos a Brasil, por el trabajo de mi papá. Los primeros meses no conocíamos a nadie, vivíamos en un hotel y apenas hablábamos portugués. En mi aburrimiento, encontré una caja donde mi mamá tenía regalos para dar en las fiestas de cumpleaños. Dentro de la caja encontré un kit de magia. Al ver que me interesé en él, me lo regaló, y ese momento cambió mi vida.

Comencé a aprender algunos juegos de magia, y al mostrárselos a mi mamá, ella se sorprendió muchísimo. No podía creer que un niño pequeño desafiara la realidad.

Esa reacción que tuvo al ver magia me impactó, y desde entonces esta se quedó conmigo.

En la escuela, la magia me ayudaba a hacer amigos, a socializar, y cuando comencé a dar shows, **¡pude ganar mi propio dinero!**

En 2019 empecé a compartir mi magia en redes sociales. Ese fue otro momento en que mi vida cambió. Mis videos me ayudaron a conectar con millones de personas, y ahora, gracias a todo el apoyo que he recibido de parte de mi audiencia, puedo decir que vivo de lo que más me gusta hacer: magia y videos.

De ser un niño tímido y curioso, llegué a conectar con millones de personas, y todo gracias a la magia.

¿QUÉ ES ABRACADABRA? El libro que me hubiera gustado tener cuando conocí el mundo de la magia. Y me emociona muchísimo poder compartir esta aventura contigo.

Ahora sí: pon tu nombre junto al mío
¡y comencemos esta aventura juntos!

Palomares Magic

¿QUÉ APRENDERÁS EN ESTE LIBRO?

Imagina que puedes hacer levitar objetos (sin necesidad de decir *Wingardium Leviosa*), hacerlos aparecer y desaparecer, leer el pensamiento de la gente, predecir el futuro y ganar cualquier apuesta. ¡Pues déjame decirte que con este libro **todo eso es posible!**

Pero no solo te revelaré los secretos, también te compartiré consejos y anécdotas para que descubras, junto conmigo, el universo de la magia.

Además, encontrarás muchas sorpresas. Te compartiré las mejores ilusiones ópticas, juegos mentales y acertijos. Te prometo que, si le dedicas el tiempo y el cariño a cada página, sorprenderás a tus familiares, amigos y, ¿quién sabe?, quizás a algún famoso que quiera asombrarse con tus trucos. **¡La magia es una de las mejores maneras de conectar con otras personas!**

Y probablemente te estés preguntando: "Palomares, ¿cómo haremos esto?". Pasa a la siguiente página, para que te platique más...

Okey, separé este libro en tres partes:

1. **ILUSIONES ÓPTICAS, JUEGOS MENTALES Y ACERTIJOS**

   Aquí te enseñaré los mejores que existen, y sí, ¡haré magia a través de las páginas de este libro!

2. **APUESTAS QUE SIEMPRE GANARÁS**

   En esta sección descubrirás juegos con los que podrás retar a tus amigos y siempre ganarles. Aprenderás juegos de lógica, científicos y destrezas mentales.

3. **TRUCOS DE MAGIA**

   Aquí aprenderás juegos de magia con cartas, objetos cotidianos y mentalismo.

Puede que de vez en cuando encuentres páginas que no hagan sentido. Son respuestas de acertijos y pistas para más adelante, o sorpresas que entenderás en otros capítulos.
Siéntete en plena libertad de leer este libro en el orden que gustes. Incluso puedes abrirlo en una página aleatoria y aprender o jugar con lo que veas ahí. Pero, claro, mi recomendación es que lo hagas en orden.
Ahora sí, primero lo primero…

PARÍS

EL CÓDIGO SECRETO

Escanéame para descubrir más secretos:

¡Este código estará lleno de sorpresas! Cada cierto tiempo cambiará el contenido que verás en él, así que te recomiendo escanearlo con frecuencia. 😄

EXPERIENCIAS INTERACTIVAS
A

INTRODUCCIÓN

¿Alguna vez soñaste con que un libro te hablara, te desafiara o incluso te leyera la mente? ¡Pues en este capítulo la magia sucederá en tus manos!

En estas páginas encontrarás ilusiones ópticas que engañarán a tus ojos, juegos mentales que te harán reír y pensar, y retos que pondrán a prueba tu ingenio. ¡Incluso te demostraré que puedo leer tu mente desde aquí! Sí, lo sé, suena imposible, pero prepárate para asombrarte.

Este capítulo no es solo para mirar y leer, sino para vivirlo. Ten a la mano **papel**, **lápiz** y tu **curiosidad**, vamos a explorar juntos los rincones más sorprendentes de tu imaginación.

Dibuja en estas páginas, voltea el libro, descubre sus mensajes ocultos, tómales foto a las ilusiones y etiquétame en tus redes sociales: **@PalomaresMagic**.

Y, sobre todo, diviértete y comparte la magia con tus familiares y amigos.

Recuerda: Puffy me ayudó a escribir este libro y nos estará acompañando en el camino con muchas pistas. Si en algún momento te atoras, puedes ir a la página 171 para encontrar las respuestas.

¡COMENZAMOS!

EL MUNDO AL REVÉS

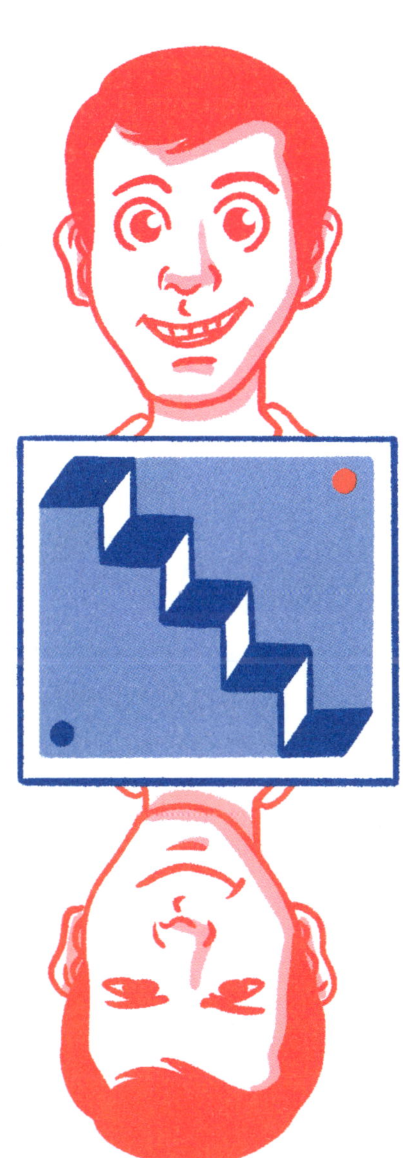

EXPERIENCIAS INTERACTIVAS

EL EFECTO THATCHER

Mira esta imagen.

Pareciera ser una cara volteada, ¿verdad? Bueno, pues nada es lo que parece. Espero no asustarte mucho, pero gira tu libro.

¡AAAAH, su cara!

Acabas de ser víctima del efecto Thatcher, una de mis ilusiones favoritas. Me gusta tanto que incluso hice un video acerca de él. Escanéame:

Probablemente quieras entender por qué nuestro cerebro hace esto. Aquí Puffy te lo explicará:

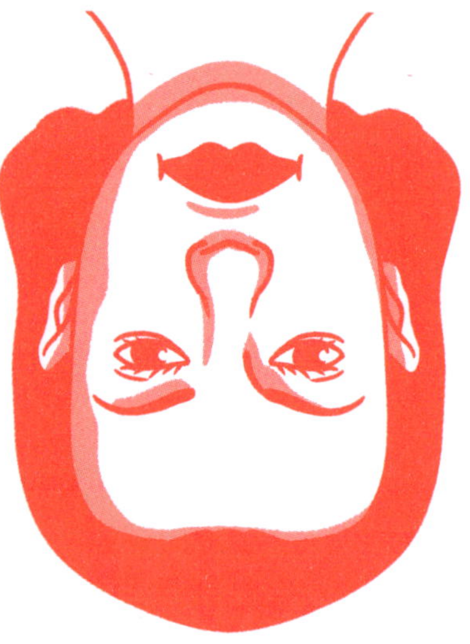

en.wikipedia.org/wiki/Thatcher_effect
www.bigstockphoto.com/image-65688433

Esta ilusión fue descubierta accidentalmente en 1980 por Peter Thompson, un psicólogo de la Universidad de Nueva York. Thompson decidió girar el rostro de Margaret Thatcher (ex primera ministra británica) y dejó normal los ojos y la boca. Con eso se dio cuenta de que el cerebro humano hace suposiciones y ajusta los rasgos de un rostro al momento de verlo volteado.

¡SÚPER MÁGICO!

LAS ESCALERAS DE SCHRÖDER

en.wikipedia.org/wiki/Schroeder_stairs

Créeme que, si compartes esta ilusión con tus familiares y amigos, les volarás la cabeza. ¡Así que tómale una foto y comparte la magia!

Antes de que voltees la hoja para esta ilusión, quiero que leas lo siguiente:

Estas escaleras están de pie. ¿Correcto? Muy bien. Ahora, si volteas el libro, lógicamente las escaleras quedarían al revés, ¿verdad? Bueno, ahora sí, gira el libro y parpadea.

¡Otra de mis ilusiones favoritas!

Esta ilusión fue creada en 1858 por el científico alemán Heinrich G. F. Schröder. ¿Quieres ver un video que hice con esta ilusión óptica? Escanéame:

EXPERIENCIAS INTERACTIVAS

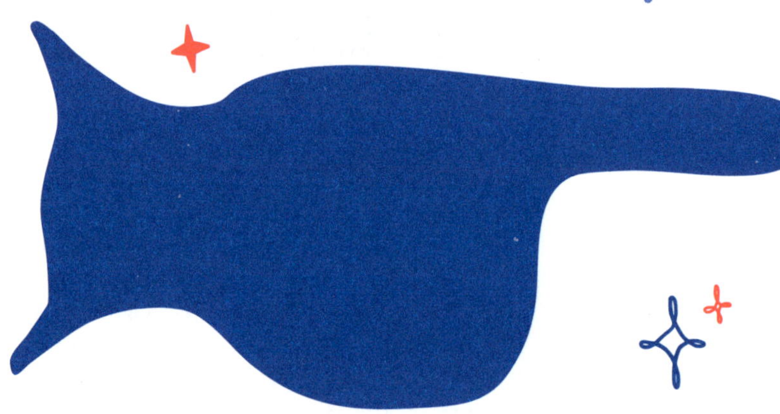

JUGUEMOS A LAS ESCONDIDAS

Vamos a la siguiente experiencia interactiva.

Por cierto, esta no es solo una mano. Gira tu libro a la derecha y conocerás a un amigo de Pufty. ¿Ya lo viste?

Hay una bruja y una mujer escondidas en esta imagen. ¿Las ves?

La nariz de la bruja te ayudará a encontrar a la mujer joven.

Diseño de Hill, aparecido en *Puck*, 1915, D.R.

Encuentra a los dos perros.

Si quieres hallar a mis amigos, búscalos en la isla.

Lîle des Chiens, grabado anónimo del siglo XVIII

Esta es la bandera de Canadá. Pareciera que solo tiene una hoja de arce en el centro. Pero si miras bien, encontrarás a dos hombres. ¿Los ves?

Los hombres se están mirando de frente y parecen estar enojados.

Soluciones en la página 172.

EXPERIENCIAS INTERACTIVAS

LA COPA DE RUBIN

La bandera de Canadá nos lleva a otra de mis ilusiones favoritas: la copa de Rubin. Esta ilusión, creada en 1915 por Edgar Rubin, pareciera mostrar solo una copa, pero si te fijas bien encontrarás que también tiene dos caras perfiladas, mirándose de frente. ¿Logras verlas?

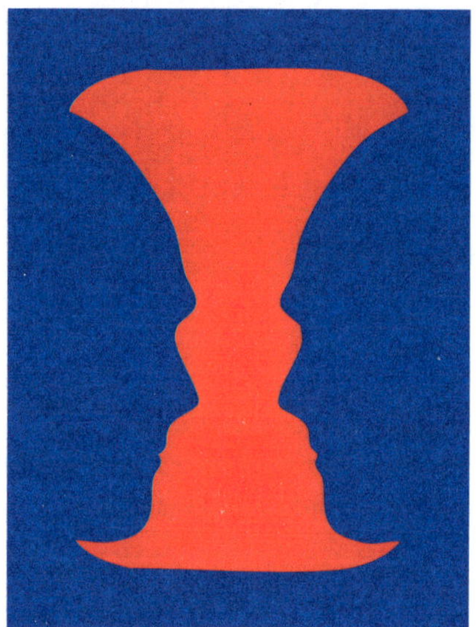

NUESTRO CEREBRO NOS MIENTE

Según varios filósofos, la vida es una ilusión. Aquí verás que tienen razón. Tráete una regla, porque pensarás que estoy mintiendo, cuando en realidad quien te miente es tu propio cerebro.

Solución en la página 172.

LA ILUSIÓN DE HERING

Pareciera que este cuadrado está hecho de líneas curvas. De igual forma, las líneas rojas de la imagen a la derecha se ven como si estuvieran curvas, ¿verdad? Bueno, revisa bien con una regla y te darás cuenta de que solo es una ilusión. Increíble, ¿no?

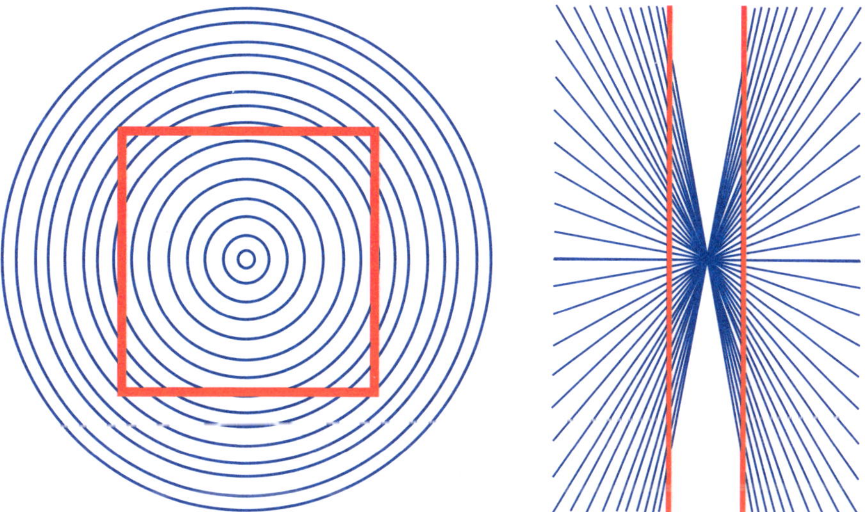

Esta ilusión fue creada por el fisiólogo alemán Ewald Hering, en 1861.

El punto está en la parte de arriba del triángulo, ¿verdad?

Bueno, verifica con una regla. Te sorprenderás.

EXPERIENCIAS INTERACTIVAS

LA ILUSIÓN DE POGGENDORFF

Esta ilusión te volará la cabeza.

¿Con cuál línea se conecta la línea de arriba? ¿Con la "A" o con la "B"? Probablemente contestes que con la "B"; yo hubiera dicho lo mismo. Pero revisa con tu regla...

¡Increíble!

A B

TAMAÑOS ALUCINANTES

LA ILUSIÓN DE EBBINGHAUS

¿Cuál de estos círculos rojos es más grande? ¿El de la izquierda o el de la derecha? Probablemente digas que el de la derecha, pero si los mides con una regla...

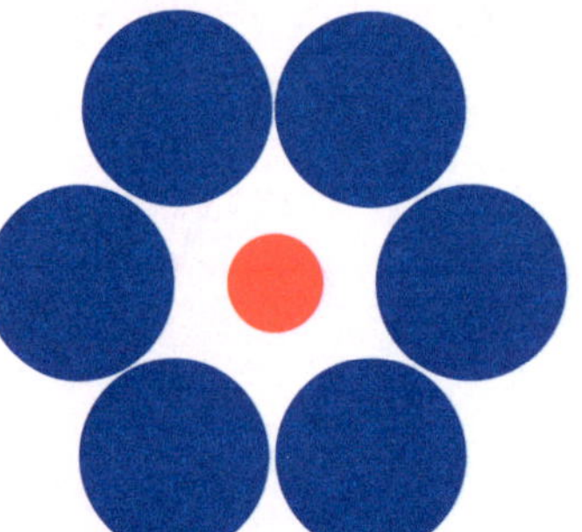

¡Son del mismo tamaño!

Esta ilusión, creada por el psicólogo alemán Hermann Ebbinghaus en 1901, muestra cómo podemos hacer que nuestro cerebro perciba las dimensiones de los objetos de manera relativa.

¡Por cierto!
¿Te gustaría comer sin engordar?

Bueno, tal vez esto no sea posible. Pero sí tengo un *hack* para comer menos y no darte cuenta, con esta ilusión óptica. Si quieres saber el secreto, escanéame:

LA ILUSIÓN DE JASTROW

¿Cuál de estas dos figuras es más grande?

Confirma con una regla, ¡te sorprenderá el resultado!

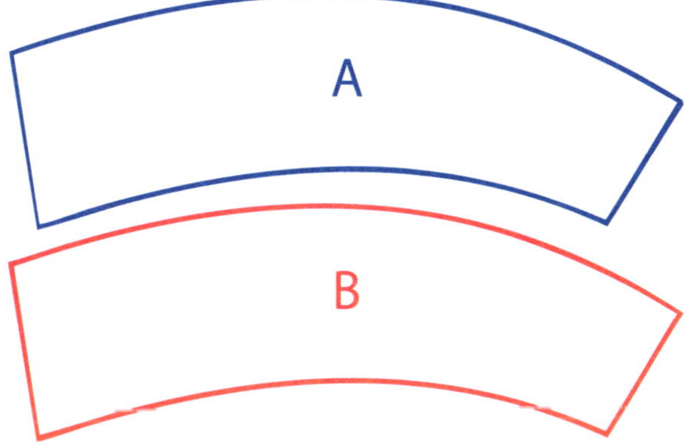

EXPERIENCIAS INTERACTIVAS

ILUSIÓN DE PONZO

Aquí te dejo varias ilusiones de Ponzo, una ilusión documentada en 1911 que sugiere que el cerebro humano estima la medida de un objeto basándose en su entorno. ¡Así que tráete tu regla y verifica por ti mismo las respuestas!

¿Cuál de los dos bloques que están en la vía del tren es más grande?

¿Qué es más largo: la altura del sombrero o su base?

¿Qué línea es más larga?

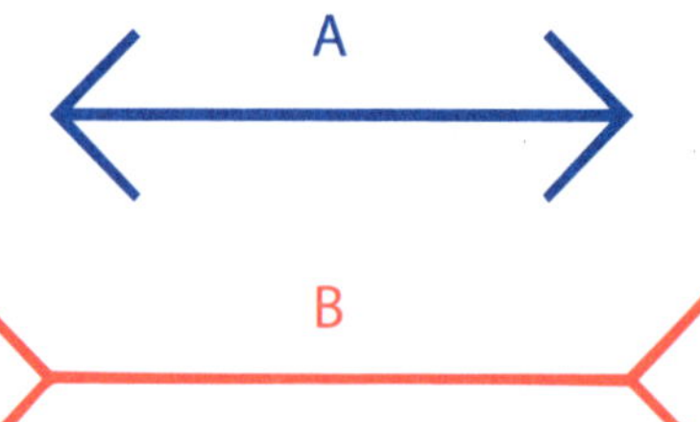

LAS MESAS DE SHEPARD

¿Cuál de las mesas es más larga?

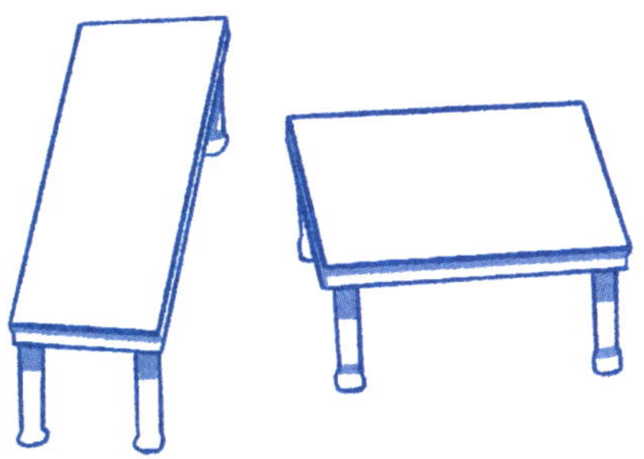

ILUSIONES QUE COBRAN VIDA

LA CUADRÍCULA DE HERMANN

Mira esta cuadrícula. ¿Ves unos puntos grises aparecer y desaparecer en las líneas blancas? Cool, ¿no?

Lo interesante es que entre más intentes enfocarte en uno de los puntos grises, este desaparece.

Si quieres confundir a un amigo, tómale foto a esta ilusión y pídele que cuente cuántos puntos grises hay en la imagen.

EXPERIENCIAS INTERACTIVAS

LOS CUBOS DE NECKER

¿Cuántos cubos hay en esta imagen? Okey, ahora gira el libro, parpadea y vuelve a contarlos.

¡Aparecieron más!

¿Cómo es posible?
Esta es la ilusión de los cubos de Necker, publicada en 1832.

Al no tener indicaciones visuales sobre la orientación de los cubos, podemos interpretar el lado superior derecho o el lado inferior izquierdo como el lado frontal de los cubos. Por lo tanto, al girar la imagen, nuestro cerebro interpreta los lados como cubos enteros y "aparecen" más.

Mueve tus ojos alrededor de esta imagen y parecerá que vibra.

CONFUNDIENDO A NUESTROS OJOS

1.- Cierra tu ojo derecho y mira la X.
2.- Ahora, lentamente, acerca el libro a tus ojos.
¿Qué sucede con el círculo?

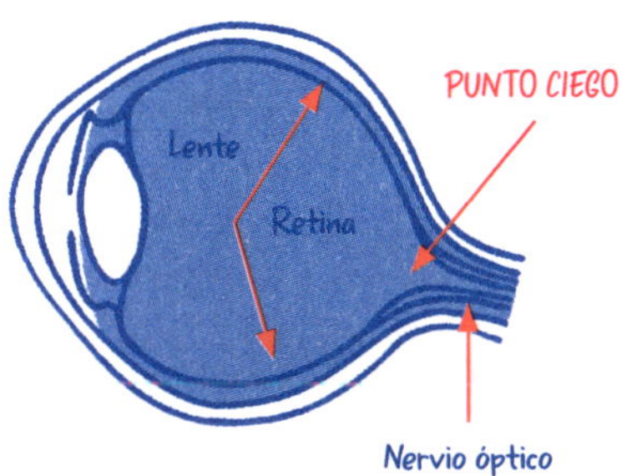

A cierta distancia, ¡el círculo desaparece! Esto sucede por nuestro punto ciego. El punto ciego se encuentra donde el nervio óptico se une con la retina. En esta parte del ojo no hay células sensibles a la luz, por lo tanto, percibimos que los objetos desaparecen.

Intenta esto:
1.- Mira un objeto que esté lejos de ti.
2.- Ahora estira tu brazo y señala hacia arriba con tu dedo índice.
3.- Cierra un ojo y observa la posición del dedo en relación con el objeto de fondo.
4.- Ahora cierra el ojo y abre el otro.

¡El dedo parece cambiar de lugar! Ahora acerca el dedo a cinco centímetros de tu nariz y mira el mismo objeto alternando los ojos.

¿El dedo "se mueve" más o menos?

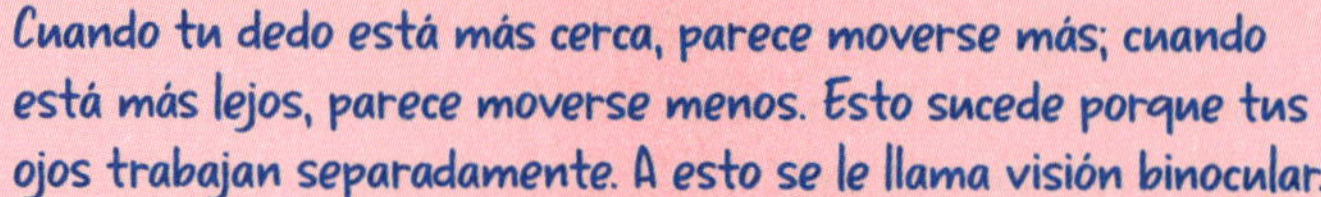

Cuando tu dedo está más cerca, parece moverse más; cuando está más lejos, parece moverse menos. Esto sucede porque tus ojos trabajan separadamente. A esto se le llama visión binocular.

Lo interesante es que podemos confundir a nuestros ojos y hacerlos ver cosas que no están ahí. ¿Te gustaría ver lo que está aquí abajo?

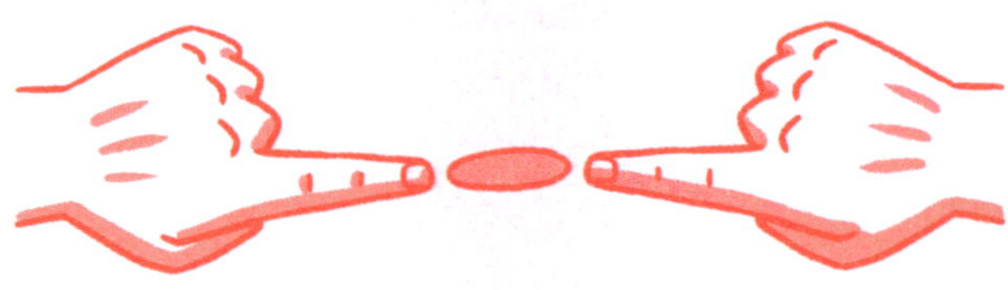

Solo sigue estos pasos:

1.- Coloca tus manos a treinta centímetros de tu cara, tal como se ve en la ilustración.

2.- Fija tu vista en un punto detrás de tus dedos y, lentamente, une las puntas de tus dedos.

¿Lo lograste?

Y antes de pasar a la siguiente ilusión, ¿podrías ayudar a Puffy a cruzar el puente? Solo acerca tu nariz al espacio en el puente.

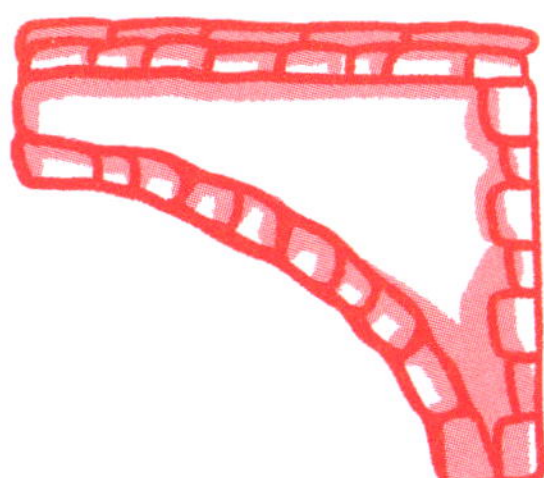

PERSISTENCIA RETINIANA

¡Estas ilusiones ópticas me encantan!

Si has visto alguno de mis videos, probablemente conoces alguna de estas ilusiones en las que mágicamente algo aparece en tu cuarto. A esta ilusión se le llama persistencia retiniana. Vamos a intentarlo. Mira el punto rojo al centro de esta imagen por treinta segundos.

¡Después dirige tu mirada a una pared blanca y parpadea!

¿Lograste ver ***MAGIA*** pintada en tu pared?

Posiblemente te estés preguntando: "Palomares, ¿por qué sucede esto?". Esto ocurre después de que nuestra visión ha sido estimulada. Si miras una imagen durante largo rato, tendrás estimulación excesiva y esta se "imprimirá" temporalmente en tu cerebro, pero en colores opuestos.

EXPERIENCIAS INTERACTIVAS

Por cierto, ¿has escuchado ruidos en tu cuarto? Tal vez hay un fantasma viviendo por ahí. Vamos a ver si es así. Mira el punto rojo al centro de la imagen por treinta segundos y después voltea al techo de tu cuarto y parpadea. ¿Lo viste?

Si quieres otra ilusión terrorífica, escanéame:

ILUSIONES ESTIRADAS

Mira esta ilustración.

¿Lograste descifrar el mensaje? Antes de decirte cómo hacerlo, te recomiendo tomarle una foto y enviársela a algún amigo o a tus papás. ¡Te conviene!

Okey, ahora sí, la respuesta: coloca horizontalmente el borde inferior del libro, a la altura de tus ojos, y encontrarás el mensaje oculto. ¡Buen provecho!

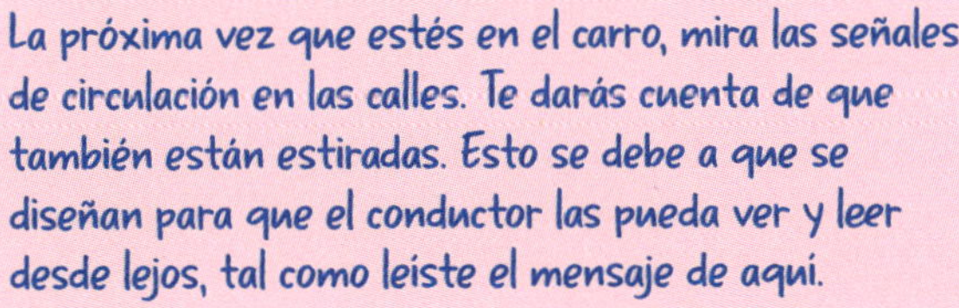

La próxima vez que estés en el carro, mira las señales de circulación en las calles. Te darás cuenta de que también están estiradas. Esto se debe a que se diseñan para que el conductor las pueda ver y leer desde lejos, tal como leíste el mensaje de aquí.

EXPERIENCIAS INTERACTIVAS

PIDE UN DESEO

¡Bienvenido a estas experiencias interactivas! En las siguientes páginas, intentaré leerte la mente.

Sí, así es: a través de este libro intentaré influir en tu mente y leerla. ¡Así que trae un lápiz o una pluma y juguemos!

Quiero que pidas un deseo. ¡Hazlo!

Ahora escribe tu nombre en la nube de la página anterior.

Si esto llega a funcionar, significa que tu nombre tiene suerte y, tal vez algún día, ese deseo se hará realidad. Así que, primero, cuenta el número de letras que tiene tu nombre. ¿Ya lo hiciste? Perfecto...

Ahora multiplica ese número por **9**

El resultado debe ser un número de dos dígitos. Suma esos dos dígitos. (Por ejemplo, si tu número fuera 14, sería 1+4=5).

Réstale **3** a ese número.

Encuentra tu número aquí y recuerda la figura que te tocó.

9

Veamos si la figura que estás pensando es la de la suerte. Corre a la página 181 y dime qué tal te fue.

¿Adiviné?

EXPERIENCIAS INTERACTIVAS

VÁMONOS DE VIAJE

Quiero hacerte una pregunta: ¿te gusta viajar? Si tu respuesta es sí, ¡prepárate para esta experiencia interactiva, en la que viajaremos alrededor del mundo! ¿Estás listo?

Imagina que ganaste un viaje sorpresa. El destino final es desconocido para ti. Haces tu maleta, subes al avión y este despega.

Tu primera escala será en una de estas ciudades. Elige cuál va a ser tu primer destino:

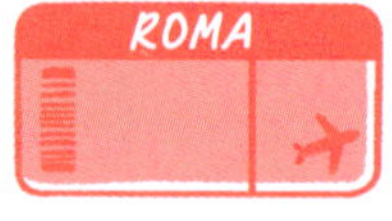

¿Ya lo hiciste? ¡Perfecto! Ahora cuenta el número de letras que tiene la ciudad que elegiste.

En eso, te das cuenta de que olvidaste empacar algo muy importante. Para identificar el objeto que olvidaste, busca el número de letras de tu ciudad. Por ejemplo, si fueran ocho letras, sería "Celular".

1= ROPA
2= GORRA
3= MOCHILA
4= LENTES
5= DINERO
6= CARTAS
7= PEINE
8= CELULAR

Muy bien.

Después, cuenta el número de letras del objeto que olvidaste. ¿Listo?

Finalmente, volaremos a nuestro destino final.

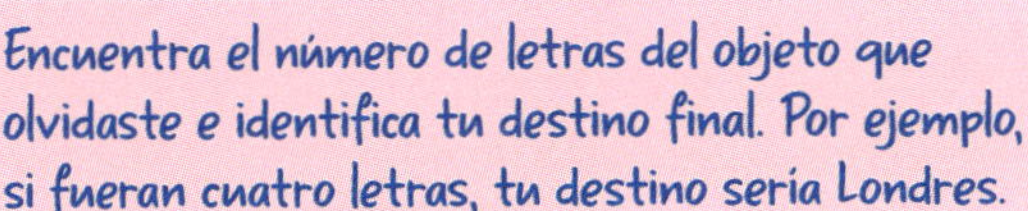

Encuentra el número de letras del objeto que olvidaste e identifica tu destino final. Por ejemplo, si fueran cuatro letras, tu destino sería Londres.

1= SÃO PAULO
2= HONG KONG
3= SÍDNEY
4= LONDRES
5= CANCÚN
6= PARÍS
7= NUEVA YORK
8= MADRID

¿Ya tienes tu destino en mente? Perfecto. Vamos a ver si logro adivinar a dónde será tu viaje. Ve a la página 15 y dime si adiviné.

¡Feliz viaje!

EXPERIENCIAS INTERACTIVAS

EL CRIMEN PERFECTO

¡Acaba de cometerse un crimen en un pueblo muy lejano, llamado La Villa Mágica! El problema es que todos los policías y detectives se encuentran de vacaciones y solo alguien con poderes mágicos, como tú, podrá resolver el misterio. Así que hoy serás un detective.

Pon tu dedo índice en cualquiera de los sospechosos marcados en rojo. Puedes moverte hacia arriba, abajo, derecha e izquierda. No se vale saltar espacios ni moverse en diagonal.

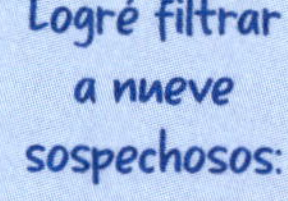

¿Estás listo?

Muévete cinco veces.
Uno, dos, tres, cuatro y cinco.
¡Detente!
¡Bien hecho!

Ahora muévete hacia el sospechoso marcado en azul más cercano.
Esa será tu predicción del culpable.
Veamos si lograste encontrarlo...

Escanea este código y dime qué tal fue.

¿Adivinaste?

ACERTIJOS
Y ENIGMAS

INTRODUCCIÓN

¡Bienvenido al rincón más intrigante y desafiante de este libro!

Aquí las respuestas no son tan obvias como parecen y las soluciones se esconden detrás de giros inesperados.

Prepárate para enfrentar preguntas ingeniosas, problemas que pondrán a prueba tu creatividad y rompecabezas que despertarán tu curiosidad. Pero no te preocupes, todo mago sabe que, con un poco de paciencia y mucha imaginación, nada es imposible.

¿Tienes lo que se necesita para resolver los misterios que te esperan? Solo hay una manera de averiguarlo.

¡COMENZAMOS!

ACERTIJOS Y ENIGMAS

ENCUENTRA EL ERROR

Comencemos con algo sencillo...

¿Puedes encontrar el el **error**?

1 2 3 4 5 6 7 8 9

¿Sabes qué es la tipoglicemia?
Es la halbidad congitiva de poder leer palarbas a pesar de errores ortorfágicos y que las lertas estén en desroden. El cerbero tiende a mirar solo el inicio y final de las palarbas, por lo tanto, auqnue estén mal esrctias, las logmaros leer.

PARADOJAS

Mira esta ilustración:

"NO LEAS ESTA HOJA"

¡Ups!

Solución en la página 172.

ACERTIJOS Y ENIGMAS

¡Bienvenido al mundo de las paradojas! Una paradoja es una expresión lógicamente contradictoria. Por ejemplo:

PROHIBIDO PROHIBIR

PARADOJA CON TU MADRE

Imagina que tu madre te pide, por quinta vez en el día, que limpies tu cuarto. Entonces tú le respondes:

"Mamá, si adivinas lo que voy a hacer, limpio mi cuarto. Pero si te equivocas, lo dejaré desordenado".

"Vas a dejar tu cuarto desordenado".

"Entonces, no puedo ordenarlo, porque si lo ordeno, te habrás equivocado, y en ese caso debo dejarlo en desorden".

"No puedes dejarlo en desorden. Si lo haces, habré adivinado, y en ese caso debes ordenarlo".

¿Quién tiene razón?

¿Quieres ver otra paradoja? Escanéame:

¿Conoces la paradoja del abuelo? Esta es una de mis favoritas, te dejo un video que hice sobre ella. Escanéame:

Solución en la página 173.

ACERTIJOS Y ENIGMAS

EL CONTRATO

¿Te gustaría hacerte millonario en menos de treinta días? Ofréceles este trato a tus padres:

Si arreglas tu cuarto a diario, el primer día te darán diez centavos. Cada día que pase se duplicará la cantidad de dinero. Si aceptan, no olvides pedirles una firma. ¡Te harás rico!

¿Por qué?

ACERTIJOS

1. Dime algo que si lo pones de lado es todo, pero si lo partes a la mitad es nada.

Tal vez el maestro de matemáticas nos podría ayudar con esto.

2. Entre más me quites más grande me hago. ¿Qué soy?
3. Hay tres casas incendiándose: una de piedra, una de madera y otra de cartón. ¿A cuál casa irá primero la ambulancia a apagar el fuego?

Espera, vuelve a leer cada palabra de este acertijo.

Solución en la página 173.

4. Existen solo tres números que contienen tres letras: uno, dos y ¿cuál es el tercero?
5. Negro por fuera, verde por dentro, y con un huesito en el mero centro. ¿Qué soy?
6. ¿Cuántos meses tienen veintiocho días?

Recuerda que algunos meses tienen treinta y otros treinta y un días.

7. Barco empieza con "B" y termina con…
8. Dime algo que aparece una vez en un minuto, dos veces en un momento, pero ninguna en un año.

JUEGO DE PALABRAS
PALÍNDROMOS

¿Sabes qué es un palíndromo?

¡Exactamente! La palabra "ojo" es un palíndromo. Los palíndromos son palabras o frases que se leen igual al derecho y al revés. Otro ejemplo es el nombre "Ana". *Cool*, ¿no?
Aquí te dejo algunos de mis palíndromos favoritos:

- *RADAR*
- *ATAR A LA RATA*
- *OIRÁS ORAR A ROSARIO*
- *YO HAGO YOGA HOY*

¿Se te ocurre algún palíndromo más?

ACERTIJOS Y ENIGMAS

¿Podrás descifrar el mensaje con las siguientes ilustraciones?

Intenta decir en voz alta los dibujos; estoy seguro de que lo lograrás.

TRAZOS MÁGICOS

LA PIZZA CON PEPPERONI

¿Cómo cortarías esta pizza con tres líneas rectas, para que cada trozo contenga solo un pepperoni?

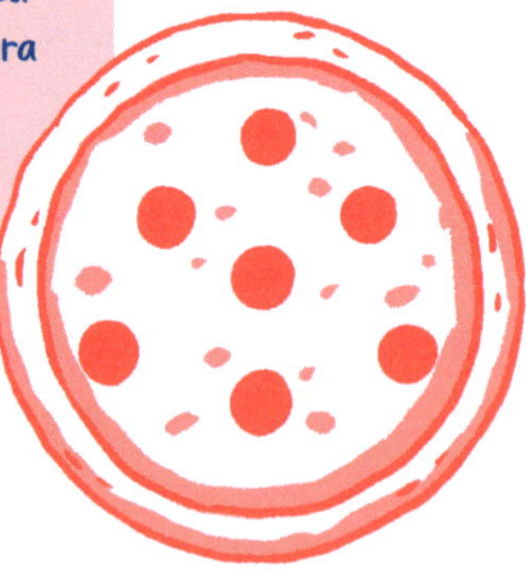

Solución en la página 174.

LOS AMIGOS DE PUFFY Y SUS CASAS

Cada animalito quiere regresar a su casa, pero no se deben cruzar en el camino, ya que se pueden pelear. ¿Les trazas el camino?

1

2

3

Solución en la página 174.

ACERTIJOS Y ENIGMAS

EL LOBO, LA CABRA Y LA COL

Imagina que estás navegando en un pequeño bote y en eso ves en la orilla del río a un lobo, una cabra y una col, que te dicen que quieren cruzar al otro lado del río. ¿Cómo puedes ayudarlos?

Considera que tu bote es pequeño y solo puedes llevar a uno de los tres en cada cruce. También es importante que nunca dejes solo al lobo con la cabra, ya que la devoraría, ni tampoco a la cabra con la col, ya que se la comería.

Recuerda que tienes viajes ilimitados.

Solución en la página 174.

EL RELOJ

Divide este reloj en tres partes con solo dos líneas, asegúrate de que la suma de los números sea igual en todas las partes.

Las líneas son diagonales.

CON UN SOLO TRAZO

Intenta dibujar estas figuras sin despegar el lápiz, con un solo trazo y sin pasar dos veces por el mismo lugar.

¡No hagas trampa!

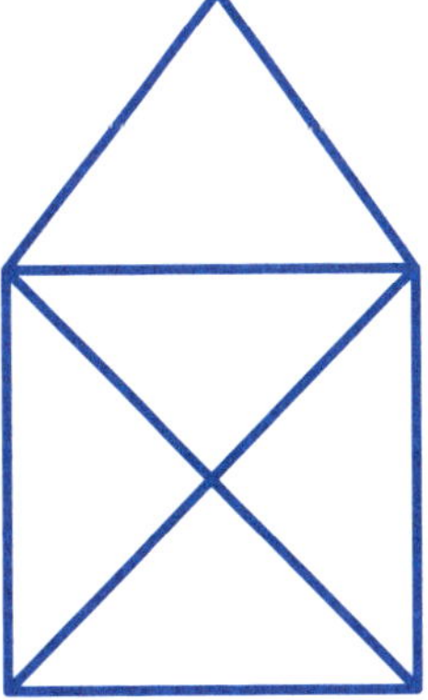

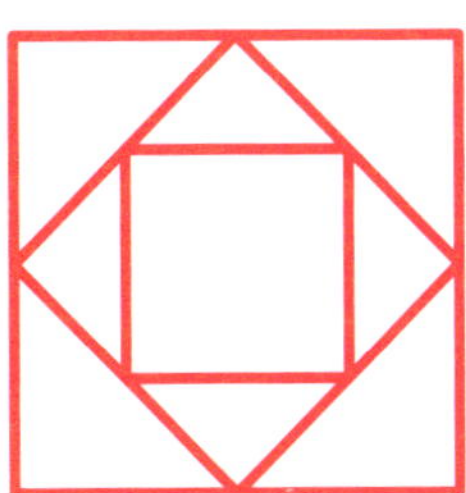

Solución en la página 175.

ACERTIJOS Y ENIGMAS

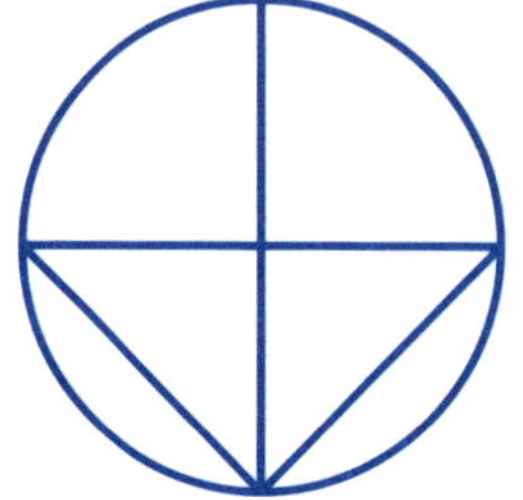

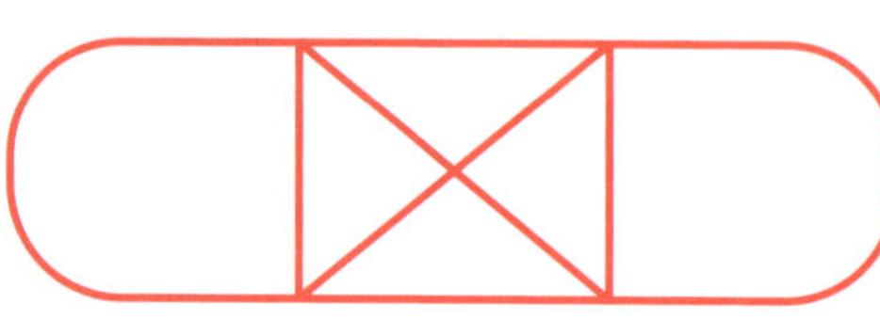

EL PORTAL

Te despiertas un día y encuentras este portal en tu cuarto.

Al acercarte, este te succiona y te lleva a otra dimensión. No puedes quedarte mucho tiempo ahí, tienes que regresar a casa. Debes salir del laberinto y superar los retos. ¿Podrás lograrlo?

Solución en la página 175.

Reglas del juego: Comenzamos por la entrada y el objetivo es salir del laberinto.

1. Existen **dos universos**: el **alegre**, que está en la página 57, y el **tenebroso**, que está en la página 58.

2. Los portales te ayudarán a transportarte de un lado al otro. Cada que veas uno, pon tu dedo en él, da vuelta a la página y continúa tu camino.

3. Si encuentras algún icono en el camino, debes responder el reto correctamente. Para esto, simplemente busca el símbolo en la página en la que estés y contesta la pregunta.

Puffy te ayudará en todo el camino. ¡Mucha suerte!

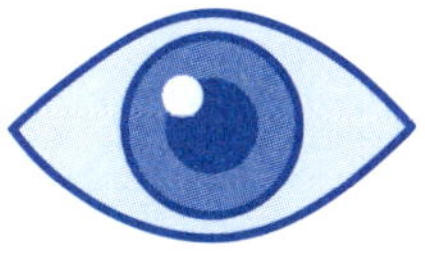

Este ojo lo sabe todo, así que respóndele: ¿cuál es el mineral más duro del planeta?

A. El oro
B. El diamante

ACERTIJOS Y ENIGMAS

¡La respuesta NO es 14!

11 + 3 = ____

A. 2

B. 15

Hmmm, ¿será casualidad que nos lo diga un reloj?

¿Cuántos huesos tiene el cuerpo humano?

A. 206

B. 105

¿Te gustaría entrar a un portal a través de un video? ¡Checa esta aventura interactiva! Escanéame:

ENTRADA

A

A

B

B

SALIDA

ACERTIJOS Y ENIGMAS

A

B

RESUELVE EL MISTERIO

Pongámonos nuestro traje de detective, porque tenemos que resolver estos nuevos misterios. ¿Estás listo, detective?

LA BEBIDA ENVENENADA

En un día muy soleado, Jorge y Andrea salieron a pasear y pidieron una jarra de limonada y dos vasos con hielos. Andrea tenía mucha sed y se tomó cinco vasos. Jorge, en la misma cantidad de tiempo, solo se tomó uno. En eso, Jorge comenzó a sentirse mal y tuvo que ir al hospital. Ahí le explicaron que su bebida estaba envenenada.

¿Cómo es posible que, a pesar de tomar menos limonada, Jorge terminó en el hospital y Andrea no?

Recuerda que hacía mucho calor ese día.

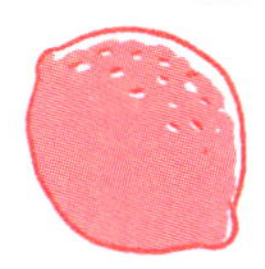

Solución en la página 175.

ACERTIJOS y ENIGMAS

EL ROBO

La policía recibe una llamada de la señora Carmen, quien les explica que alguien entró a su casa a robar. Al llegar a la escena del crimen, la ventana está rota y adentro hay mucho desorden y huellas sucias en el piso. Inmediatamente, la policía arresta a la señora Carmen por fraude. ¿Por qué?

Analiza bien la ilustración de la escena del crimen.

Solución en la página 175.

APUESTAS QUE SIEMPRE GANARÁS

INTRODUCCIÓN

¿Te imaginas ganarles cualquier apuesta a tus familiares y amigos?

En este capítulo tendrás la oportunidad de brillar, sorprender y, por supuesto, ganar. Aquí aprenderás una serie de juegos, acertijos y desafíos tan ingeniosos, que te convertirás en el maestro de las destrezas mentales. Ya sea usando tu lógica, tu habilidad mental o hasta pequeños trucos científicos, siempre tendrás la ventaja. Con un vaso de agua, unos cerillos o una simple moneda puedes ganarle a cualquiera. ¡Es como tener un as bajo la manga en todo momento! Pero mucho cuidado: con este conocimiento viene una gran responsabilidad. Asegúrate de usar estas apuestas para divertir y asombrar, ¡no para pasarte de listo! Porque, al final, el verdadero truco es compartir momentos mágicos con quienes te rodean.

Ahora sí…

¡MANOS A LA MAGIA!

APUESTAS QUE SIEMPRE GANARÁS

EL BILLETE Y LA BOTELLA

NIVEL DE DIFICULTAD	MATERIALES	RETO
★★★☆☆	Una botella Un billete	Pon un billete en la mesa y coloca una botella volteada sobre él. Invita a tus amigos a que intenten sacar el billete, sin tirar ni tocar la botella.

SECRETO:

¡Es muy sencillo! Con mucho cuidado, enrolla el billete y utilízalo para empujar la botella. Practica un poco y estoy seguro de que ganarás muchas apuestas con este simple truco.

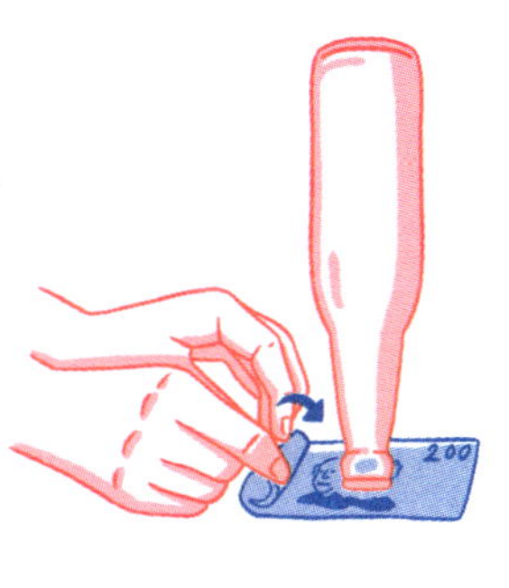

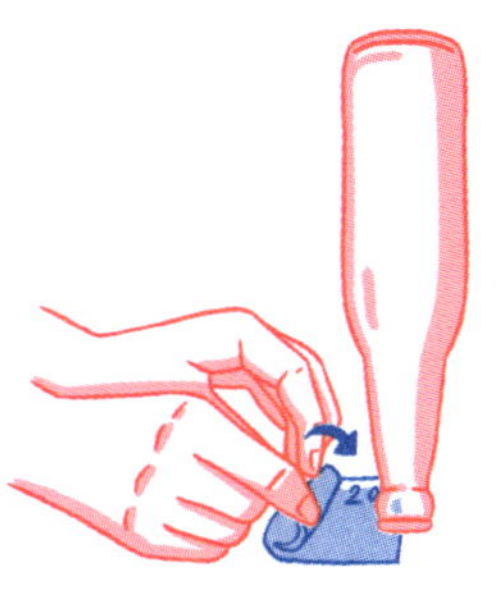

APUESTAS QUE SIEMPRE GANARÁS

EL PUNTO Y EL CÍRCULO

NIVEL DE DIFICULTAD	MATERIALES	RETO
★☆☆☆☆	Una hoja de papel Un plumón	Dibujar un punto y un círculo alrededor de este, sin separar el plumón de la hoja.

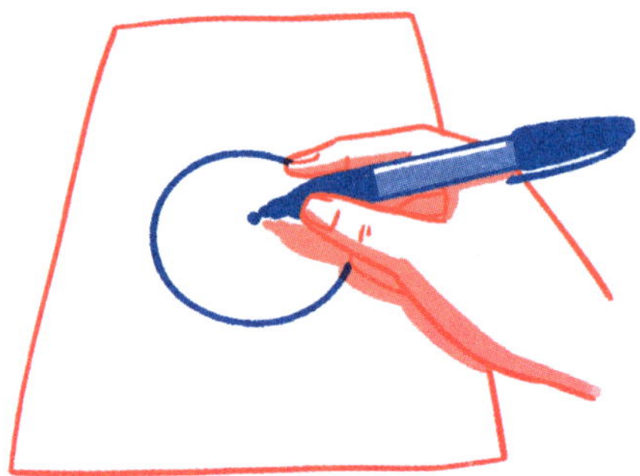

SECRETO:

¡Prepárate para aprender uno de mis retos favoritos!
Este truco me lo enseñó mi papá y me dejó una gran lección.
Me dijo: ***"Piensa fuera de la caja"***.
Y sí, para resolver este reto, es fundamental hacerlo.

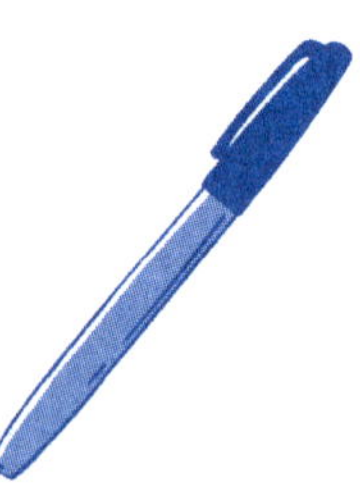

¿CÓMO SE RESUELVE?

1

Comienza dibujando un punto al centro de la hoja.

2

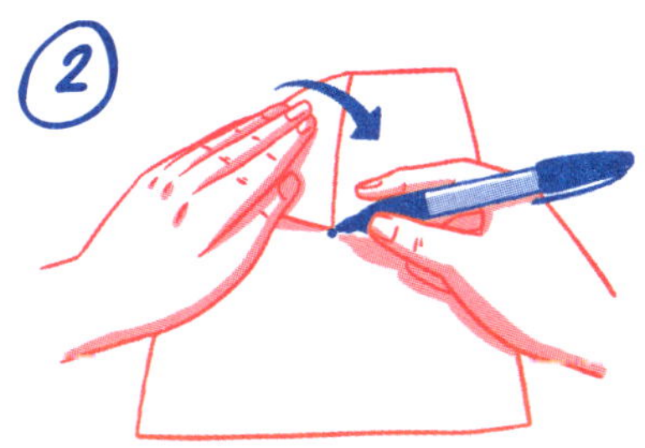

Sin separar el plumón de la hoja, dobla una de las esquinas hacia el punto.

3

Ahora, sube el plumón a la esquina y muévela hasta separar el plumón lo suficiente del punto, para dibujar un círculo.

4

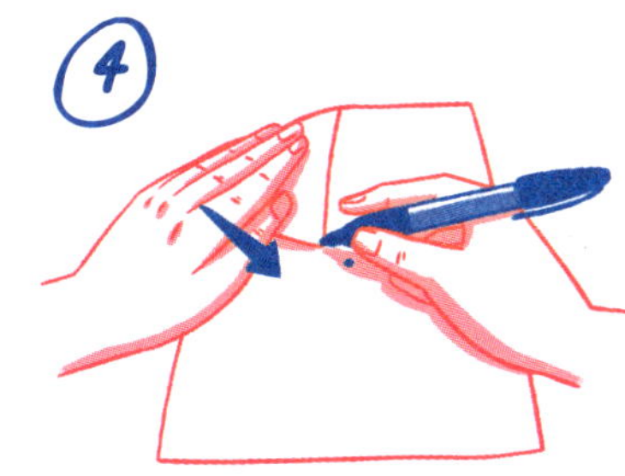

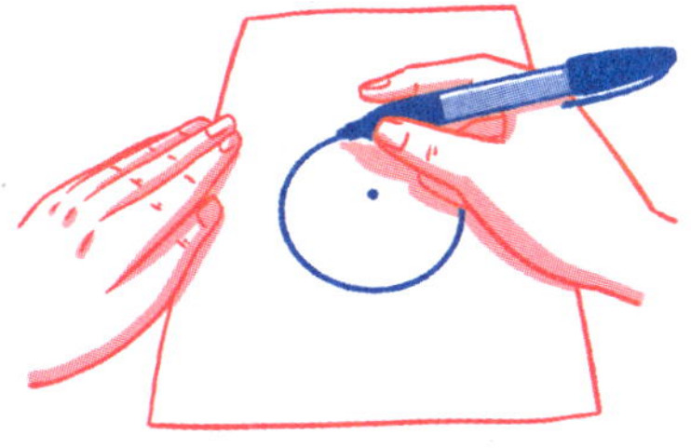

Para finalizar, solo baja el plumón de la esquina y dibuja el círculo. ***¡Muy sencillo!***

APUESTAS QUE SIEMPRE GANARÁS

LA SAL Y LA PIMIENTA

NIVEL DE DIFICULTAD	MATERIALES	RETO
★ ★ ★ ★ ★	Sal Pimienta Un peine de plástico	Vierte sal y pimienta sobre la mesa y mézclalas. Reta a tus amigos a que separen la sal de la pimienta en menos de diez segundos.

¿CÓMO SE RESUELVE?

Para lograr este reto, utilizaremos un poco de ciencia. Asegúrate de que la mesa en donde hagas esto no sea de plástico. En caso de que sea así, pon un papel encima.

SECRETO:

1

Vierte la sal y la pimienta y mézclalos.

2

Lo único que tienes que hacer ahora es frotar el peine en tu cabello (o en tu playera), para así crear un poco de electricidad estática en él.

3

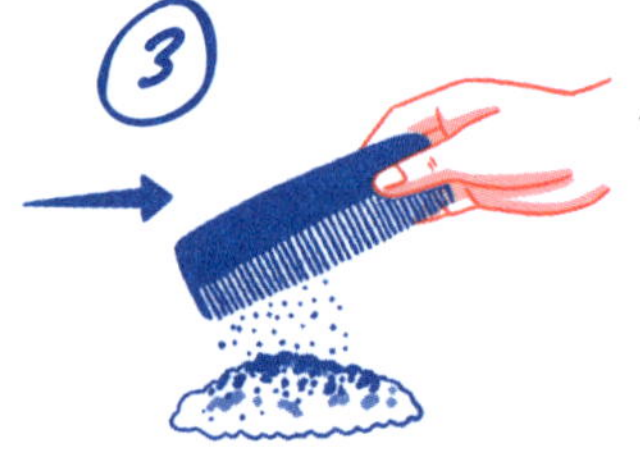

Finalmente, pasa el peine sobre la mezcla y la pimienta se le pegará. ***¡Reto cumplido!***

EL PUENTE DE PAPEL

NIVEL DE DIFICULTAD	MATERIALES	RETO
★☆☆☆☆	Tres vasos Una hoja de papel	Coloca dos vasos separados y una hoja de papel encima de ambos, para que quede un puente. Reta a tus amigos a que logren que el tercer vaso se sostenga sobre la hoja de papel.

SECRETO:

De nuevo, la ciencia será nuestra amiga en este reto. El secreto es doblar la hoja varias veces, en forma de acordeón. Esto le dará rigidez suficiente.

Ahora simplemente coloca el vaso encima y cumplirás el reto.

APUESTAS QUE SIEMPRE GANARÁS

EQUILIBRIO PERFECTO

NIVEL DE DIFICULTAD	MATERIALES	RETO
★★★★★	Un vaso Una hoja de papel Cinta adhesiva	Balancear el vaso sobre la hoja de papel.

SECRETO:

1

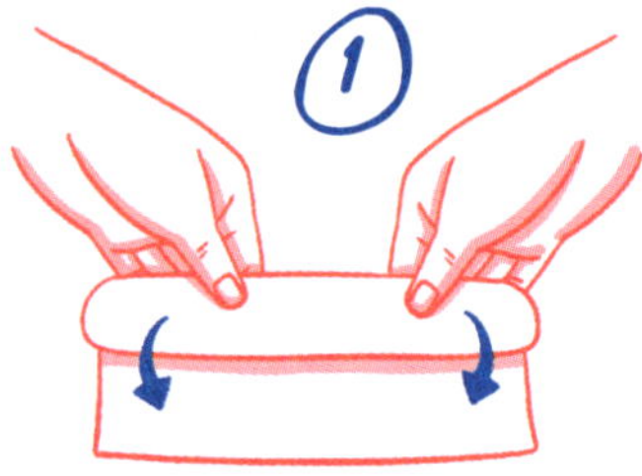

Este reto es muy parecido al anterior. Solo tienes que enrollar la hoja de papel, para crear un cilindro. Utiliza la cinta adhesiva para pegarlo.

2

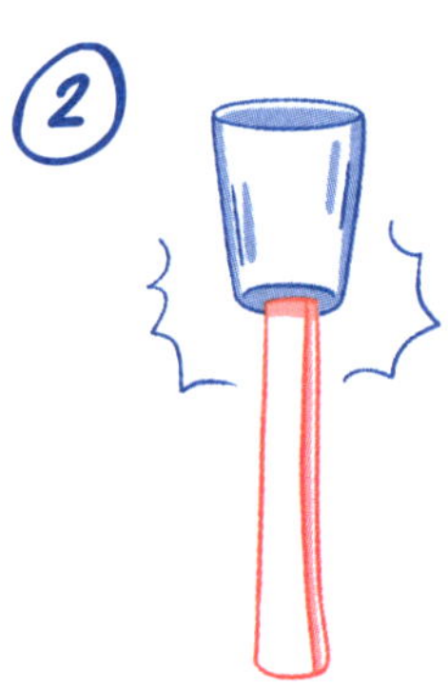

Finalmente, coloca el cilindro en posición vertical y balancea el vaso encima.

¡Reto superado!

LAS MONEDAS Y EL VASO

NIVEL DE DIFICULTAD	MATERIALES	RETO
★ ★ ★ ★ ★	Un vaso Dos monedas	Balancea dos monedas sobre un vaso y reta a tus amigos a que tomen las monedas al mismo tiempo, utilizando una sola mano y sin que caigan a la mesa o al vaso.

SECRETO:

Para este reto deberás practicar un poco, pero no es nada del otro mundo.

¿CÓMO SE RESUELVE?

1

Coloca tus dedos pulgar e índice encima de las monedas.

2

Baja tus dedos y desliza las monedas por el contorno del vaso.

3

Ahora, desliza las monedas hacia la parte superior del vaso.

4

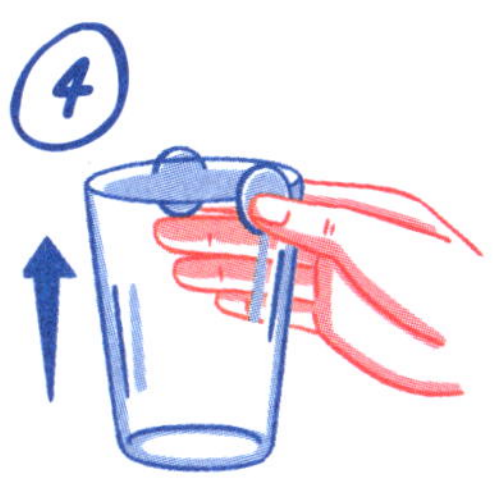

Finalmente, aprieta tus dedos y, al mismo tiempo, jala las monedas hacia arriba. Tendrás ambas monedas en el contorno de tus dedos.

5

Eso sí… antes de salir a hacer este reto, ¡a practicar mucho!

EL AGUJERO Y LA MONEDA

NIVEL DE DIFICULTAD	MATERIALES	RETO
★★★☆☆	Una moneda Una hoja de papel Tijeras	Pasar una moneda a través de un agujero más pequeño que el diámetro de la moneda.

SECRETO:

Preparemos el reto de manera correcta. Corta un agujero al centro de la hoja, que sea más pequeño que el diámetro de la moneda.

¿CÓMO SE RESUELVE?

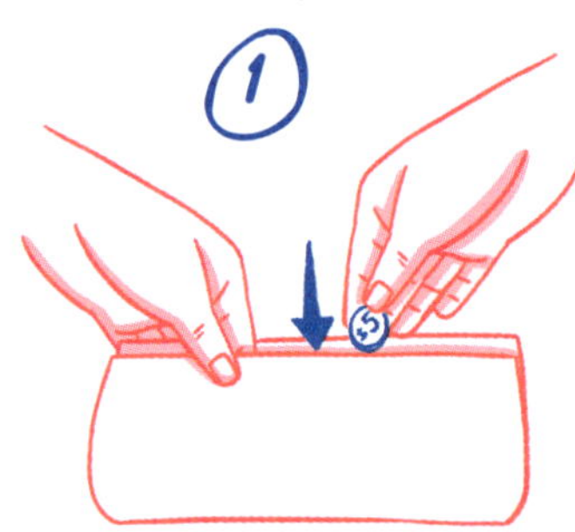

Primero dobla la hoja a la mitad. Coloca la moneda en el centro del papel y recárgala sobre el orificio.

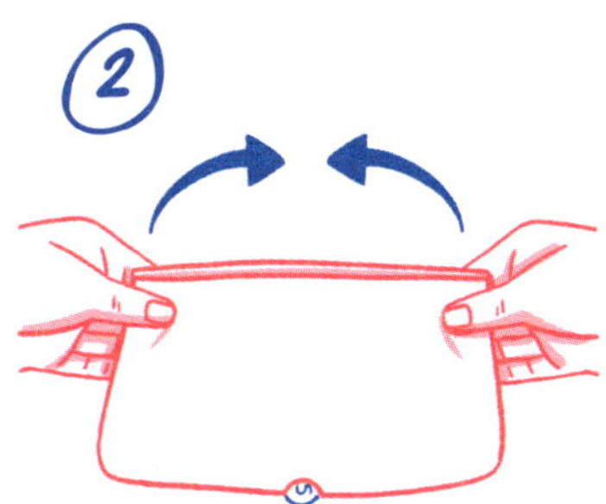

Ahora lo único que tienes que hacer es tomar el papel por las cuatro esquinas y juntar tus manos.

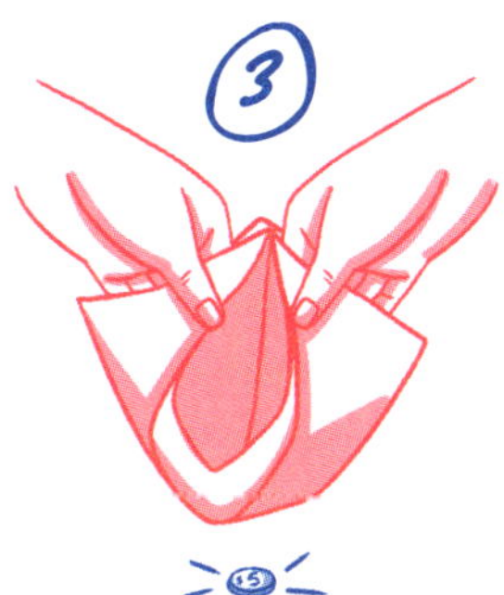

¡La moneda pasará a través del orificio!

¡Algo importante!

Antes de salir a hacer este reto, te recomiendo que pruebes qué tan pequeño puedes hacer el orificio. Todas las monedas son diferentes, por lo que es conveniente probar y llevar tu hoja lista.

ECUACIONES IMPOSIBLES

NIVEL DE DIFICULTAD	MATERIALES	RETO
★ ☆ ☆ ☆ ☆	Cerillos	Desafía a tus amigos a jugar con los cerillos y resolver estas ecuaciones.

SECRETO:

1. Agrega dos cerillos.

$$9+6=16 \rightarrow 8+8=16$$

2. Mueve dos cerillos.

$$4-2=9 \rightarrow 7+2=9$$

3. Agrega un cerillo.

$$3+6=15 \rightarrow 9+6=15$$

Y sí, lo sé... si tus amigos son muy inteligentes, lograrán resolver estos retos, así que no puedo asegurar que siempre ganarás las apuestas, pero se la pasarán muy bien intentando resolverlos.

EL CUADRADO

NIVEL DE DIFICULTAD	MATERIALES	RETO
★ ★ ★ ★ ★	Cuatro cerillos	Con cuatro cerillos haciendo una cruz, deberán formar un cuadrado moviendo un solo cerillo.

SECRETO:

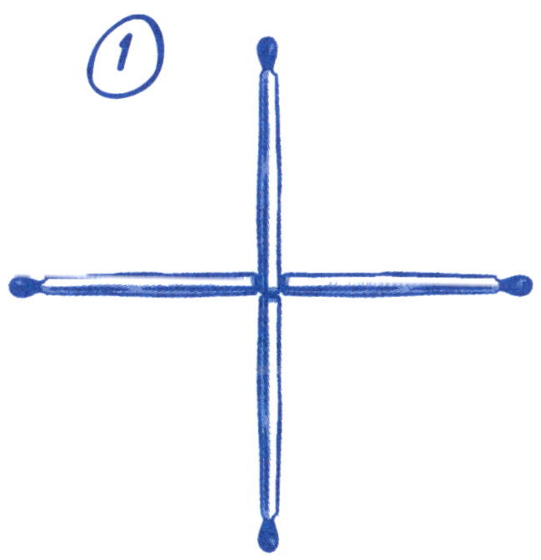

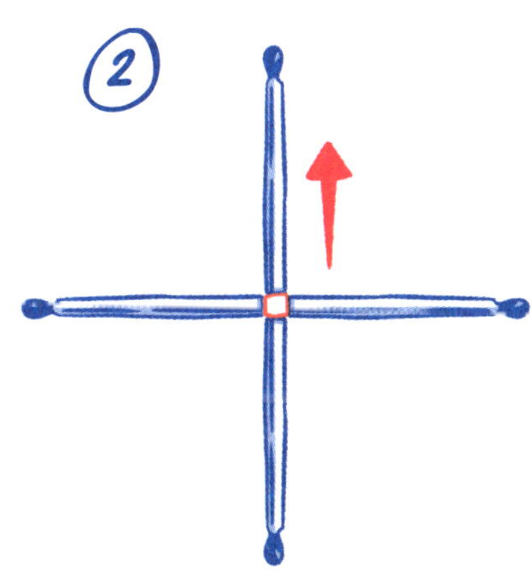

Este es otro de esos retos que requieren pensar fuera de la caja, y tal vez recibas algunos golpecitos cuando les enseñes la solución a tus espectadores. Porque solamente hay que separar tantito uno de los cerillos, para que en el centro quede un espacio en forma de cuadrado.

Disfruta sus reacciones al ver qué tan fácil era la solución.

APUESTAS  QUE SIEMPRE GANARÁS

LOS CUATRO TRIÁNGULOS

NIVEL DE DIFICULTAD	MATERIALES	RETO
★☆☆☆☆	Seis cerillos	Crear cuatro triángulos equiláteros utilizando únicamente seis cerillos.

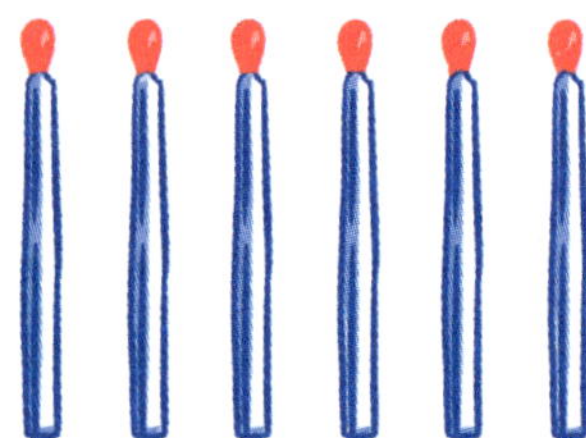

SECRETO:

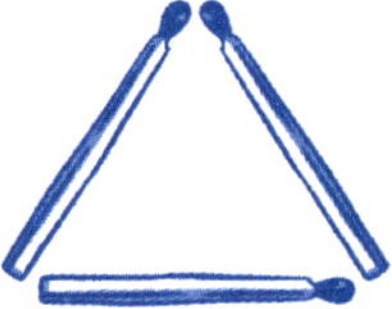

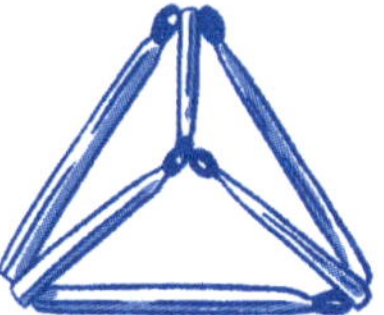

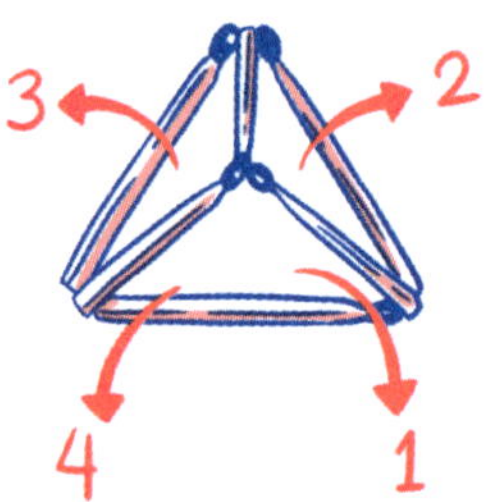

Es probable que tus amigos se rindan al intentar esto. Y, de nuevo, tendremos que pensar fuera de la caja para resolverlo. ¿Cuál es el secreto? Pensar en 3D.

Te explico:

Con los seis cerillos, harás una pirámide. Coloca tres de los cerillos sobre la mesa, formando un triángulo.

Los otros tres los acomodarás como en la segunda ilustración, para crear la pirámide. Te recomiendo usar cerillos de madera, para que puedan sostenerse.

Si contamos todos los lados y la base de la pirámide, tendremos cuatro triángulos equiláteros.

Voilà!

5008

NIVEL DE DIFICULTAD	MATERIALES	RETO
★☆☆☆☆	Cerillos	Con el número 5008 escrito con cerillos, desafía a tus amigos a formar el número más alto posible, moviendo únicamente dos cerillos.

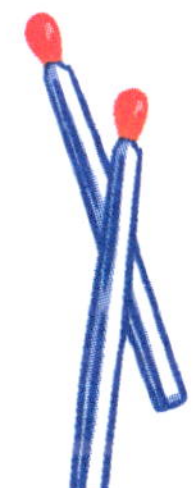

SECRETO:

Antes de darte la solución, quiero que intentes resolverlo pensando fuera de la caja. ¿Se te ocurre algo?
Me imagino que estás batallando. Al menos así me pasó a mí cuando intenté este reto por primera vez.

SOLUCIÓN:

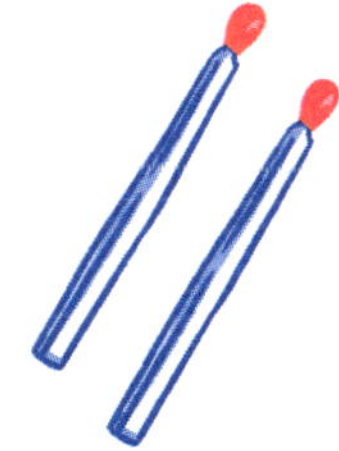

Al primer cero simplemente quítale los cerillos de arriba y abajo, colócalos entre los unos que se formaron y obtendrás 511108.

¡Así de simple!

APUESTAS QUE SIEMPRE GANARÁS

OCHO

NIVEL DE DIFICULTAD	MATERIALES	RETO
★☆☆☆☆	Cinco cerillos	Desafía a tus amigos a crear el número ocho, utilizando únicamente cinco cerillos.

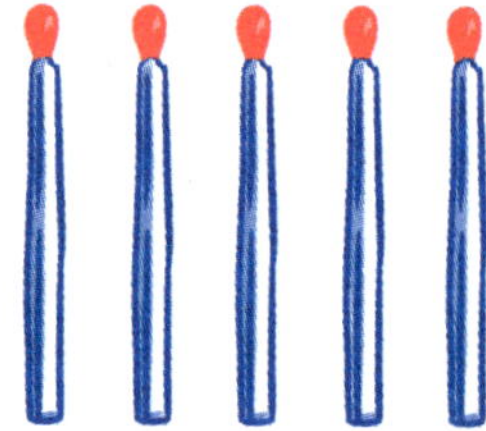

SECRETO:

¿El secreto? ¡Números romanos!

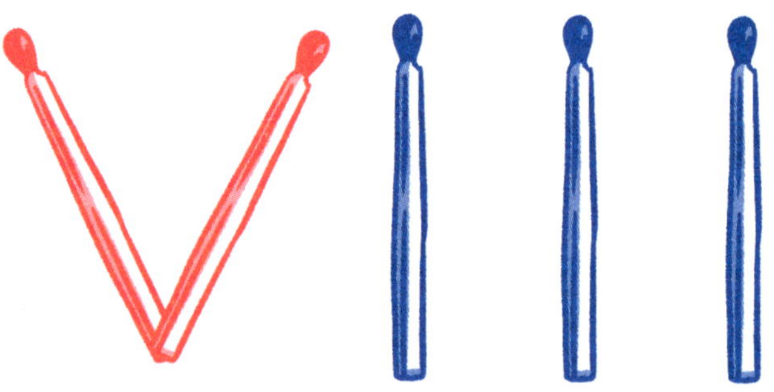

INVIERTE LA FLECHA

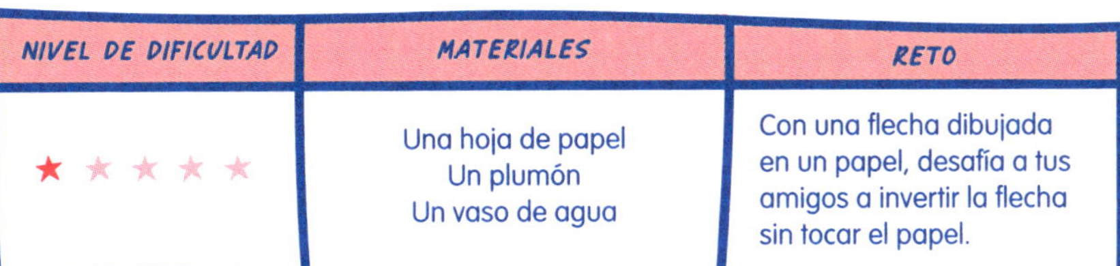

NIVEL DE DIFICULTAD	MATERIALES	RETO
★☆☆☆☆	Una hoja de papel Un plumón Un vaso de agua	Con una flecha dibujada en un papel, desafía a tus amigos a invertir la flecha sin tocar el papel.

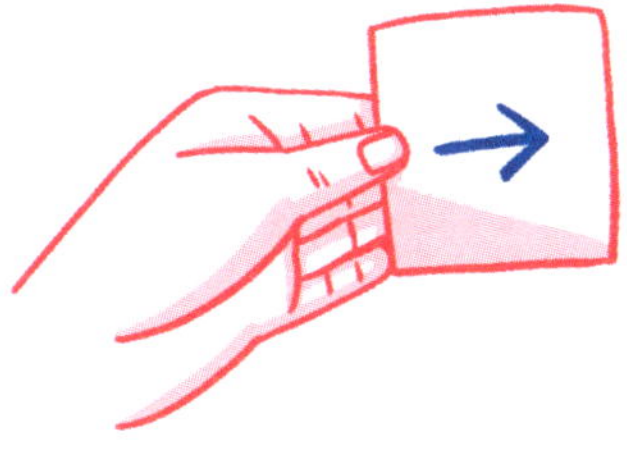

SECRETO:

De nuevo, la ciencia será nuestra amiga para resolver este reto. Simplemente coloca el vaso de agua enfrente de la flecha; si la miras frente al vaso, esta se verá invertida.

Súper cool, ¿no?

LLENO Y VACÍO

NIVEL DE DIFICULTAD	MATERIALES	RETO
★☆☆☆☆	Cinco vasos Agua o jugo	Pon cinco vasos en la mesa, los tres de en medio deberán estar llenos, y los de las orillas, vacíos. Desafía a tus amigos a que intercalen los vasos vacíos y llenos, tocando un solo vaso.

SECRETO:

Espero que te guste el líquido que pusiste en el vaso, porque tendrás que beberlo. Simplemente toma el vaso de en medio y tómatelo. Los vasos ahora están intercalados.

RECOGE EL BILLETE Y TE LO REGALO

NIVEL DE DIFICULTAD	MATERIALES	RETO
★ ☆ ☆ ☆ ☆	Un billete	Pide a tu espectador que pegue sus talones a la pared y coloca un billete en el piso. Tal como dice el título, reta a tu amigo a levantar el billete del piso, sin separar sus talones, y si lo logra, se lo regalas.

SECRETO:

Aunque no me creas, el secreto de este truco es ¡nuestro trasero! Ja, ja, ja. Así es, nuestro trasero no nos permitirá recoger el billete sin separar los talones de la pared. Solo asegúrate de colocar el billete a unos 75 centímetros de los pies de tu espectador.
¡Disfruta verlo caerse al intentar recoger el billete!

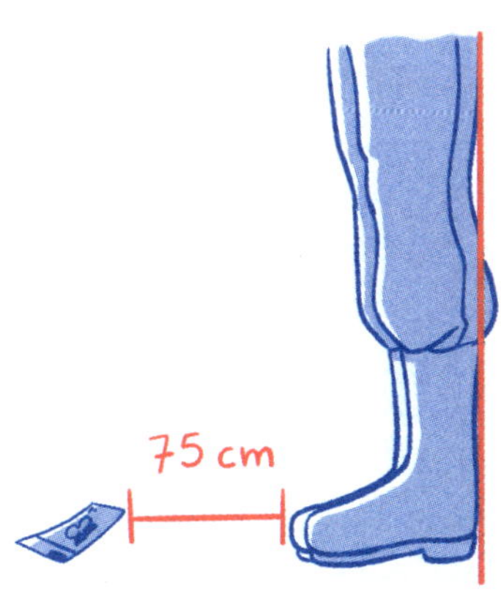

APUESTAS QUE SIEMPRE GANARÁS

LA MONEDA TENSA

NIVEL DE DIFICULTAD	MATERIALES	RETO
★ ☆ ☆ ☆ ☆	Un vaso Una jarra de agua Una moneda Una tarjeta	Con una tarjeta balanceada en la orilla del vaso, desafía a tus amigos a colocar una moneda sobre uno de los lados de la tarjeta, sin que esta se caiga.

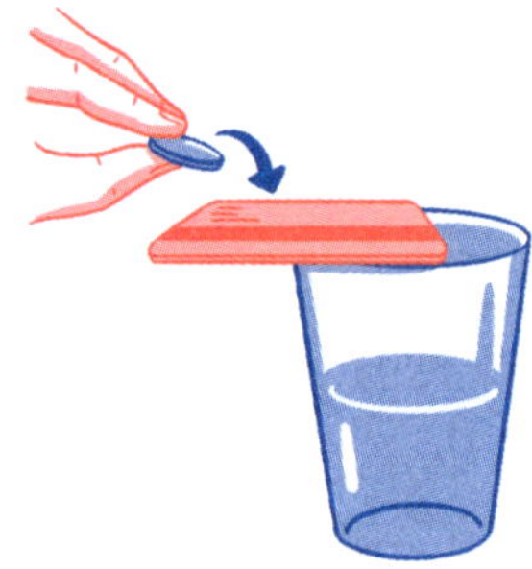

SECRETO:

Una vez más, la ciencia nos ayudará a resolver este reto. Simplemente llena el vaso de agua, hasta que toque la tarjeta.

Esto generará tensión superficial sobre la tarjeta y podrás colocar la moneda sobre ella sin ningún problema.

¡Gracias, ciencia!

LA BOTELLA Y EL VASO

NIVEL DE DIFICULTAD	MATERIALES	RETO
★ ☆ ☆ ☆ ☆	Una botella llena de líquido Un vaso Un popote	Con una botella llena de líquido, un popote y un vaso vacío, desafía a tus amigos a traspasar la mitad del líquido de la botella al vaso, sin mover la botella ni succionar con el popote.

SECRETO:

¿Adivina qué? ¡El secreto de este reto se lo debemos, una vez más, a la ciencia! Simplemente vas a poner tus labios alrededor de la botella, asegurándote de que el popote esté dirigido hacia el vaso, y vas a soplar. De esta manera, lograrás pasar la mitad del líquido al vaso.

¿Magia o ciencia? Amigos, esto es ciencia.

APUESTAS QUE SIEMPRE GANARÁS

SIGUE MIS PASOS Y TE GANARÁS UN PREMIO

NIVEL DE DIFICULTAD	MATERIALES	RETO
★ ☆ ☆ ☆ ☆	Dos vasos Una jarra de agua	Desafía a tu espectador a que siga tus pasos. Si lo logra, se ganará un premio. Parecerá fácil, pero al final siempre lograrás que pierda.

SECRETO:

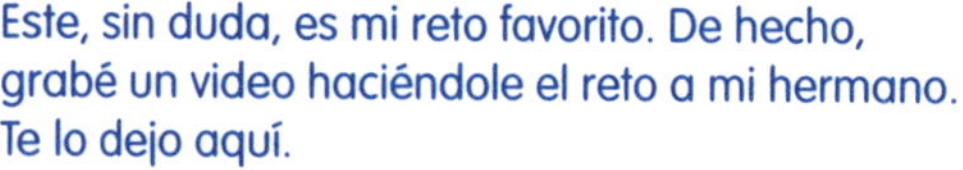

Este, sin duda, es mi reto favorito. De hecho, grabé un video haciéndole el reto a mi hermano. Te lo dejo aquí.

P. D.: Una disculpa por nuestro cabello tan largo y desordenado en este video. Lo grabamos durante la pandemia y era difícil ir con un peluquero. 😄

¿Y CÓMO FUNCIONA?

Primero, pon una jarra de agua y dos vasos vacíos. Dile a tu espectador que siga tus pasos exactamente, y si lo logra, se ganará un premio. Dale tiempo a replicar tus pasos:

1

Da un aplauso.

2

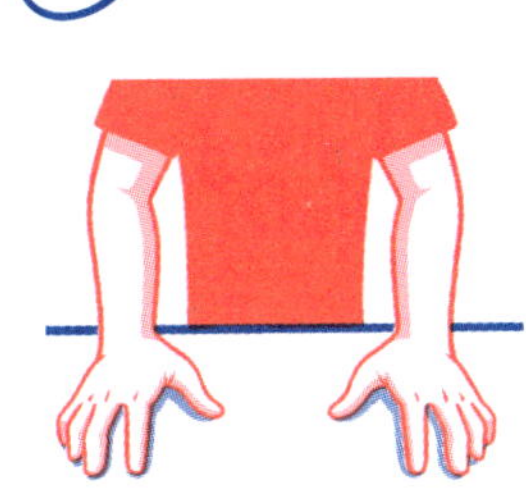

Pon las manos sobre la mesa.

3

Toma la jarra, sírvete agua y regresa la jarra a donde estaba (espera a que tu espectador se sirva agua en su vaso).

4

Toma el vaso. Dale un trago.

5

¡No te pases el agua! Tu espectador lo hará naturalmente. Regresa el vaso a la mesa.

6

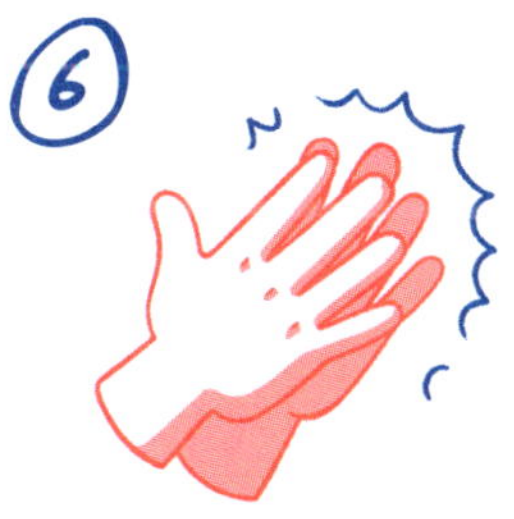

Vuelve a dar un aplauso.

7

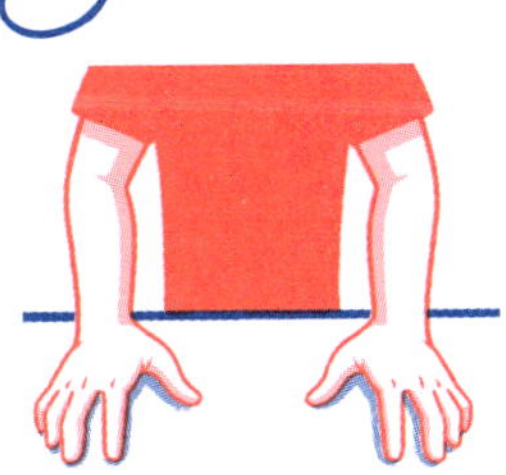

Pon las manos sobre la mesa, una última vez.

8

Y, para terminar, regresa el agua de tu boca al vaso.

9

Tu espectador no podrá hacerlo, porque ya se habrá pasado el agua. ***¡Abracadabra!***

MAGIA CON CARTAS

REGLAS DE LA MAGIA

Antes de darte la bienvenida al universo de la magia, debo compartirte las tres reglas más importantes:

1. **LA PRÁCTICA HACE AL MAGO.** Nadie nace con el talento para hacer magia. La magia se estudia, y más que nada, se practica. Hay dos formas para ello. La primera, y con la que debes comenzar, es tú solo frente a un espejo. Esto es muy importante para que ensayes el truco y practiques tus movimientos. La segunda es con alguien más. ¡Esta es la más importante! Te recomiendo tener una persona de confianza con quien puedas practicar y fallar sin sentirte mal, para así aprender de tus errores. Puede ser algún amigo o familiar. En mi caso, mi mamá fue, y sigue siendo, esa persona. Sé que si ella no me descubre el truco y lo disfruta, entonces está listo para probarlo allá afuera.

2. **JAMÁS REVELES EL SECRETO.** Una de las frases que nos dicen a los magos es: "¿Cómo lo hiciste?". Muchas veces será muy tentador revelar el secreto, pero créeme que la mayoría de las veces, cuando alguien conoce el secreto de un truco, su sentimiento es de decepción. No destruyas ese asombro. Quédate

con el secreto y déjale a tu audiencia ese momento mágico.

3. **NO REPITAS EL TRUCO (A MENOS QUE TE CONVENGA).** Otra de las frases más comunes al ver un truco es: "Vuelve a hacerlo". ¡No lo hagas! La magia se basa en el elemento sorpresa; la gente no sabe qué va a suceder. Si repites el truco, el elemento sorpresa desaparecerá, pues la gente ya sabrá qué va a suceder y es cuando comenzarán a ver los detalles y corres el riesgo de que te descubran. Pero, como en toda regla, hay excepciones, y en ciertos trucos entenderás por qué repetirlo puede ser una buena idea. Cuando sea así, te lo haré saber. Por lo pronto, quédate con la idea de que es mejor no hacerlo.

¡LISTO!

NUNCA OLVIDES ESTAS REGLAS, SERÁN TU HILO CONDUCTOR AL APRENDER CUALQUIER JUEGO DE MAGIA.

RAMAS DE LA MAGIA

Existen varias ramas de la magia. Aquí quiero platicarte sobre las más importantes.

- **MAGIA DE CERCA:** ¡Es la que ocurre justo frente a tus ojos! Generalmente se usan cartas, monedas u objetos cotidianos para crear ilusiones sorprendentes. Esta es mi rama favorita, porque muchas veces puedes hacer que la magia suceda en las manos del espectador.

- **MENTALISMO:** Su objetivo es crear la ilusión de que tienes poderes para leer mentes, predecir el futuro y mover cosas sin tocarlas. Esta rama de la magia es muy poderosa, con ella crearás momentos inolvidables para tu audiencia.

- **MAGIA DE ESCENARIO:** Cuando un mago se sube a un escenario, todo se vuelve grande y espectacular: desde pañuelos que cambian de color hasta personas que desaparecen. En esta rama la idea es crear momentos sorprendentes desde un escenario.

- **PICKPOCKETING:** ¡Cuidado con tu reloj! En esta rama, los magos demuestran su increíble habilidad para "tomar prestadas" cosas como carteras o relojes... ¡sin que te des cuenta! Pero no te preocupes, siempre te las devuelven.

- **HIPNOSIS:** ¿Te imaginas cerrar los ojos y al abrirlos olvidar cómo leer? La hipnosis usa la mente como escenario y hace que las personas vivan experiencias increíbles y divertidas, ¡todo mientras están en un profundo estado de relajación!

- **ILUSIONES:** Aquí es donde la magia se vuelve gigantesca. En esta rama, los magos crean trucos con cajas enormes, personas flotando en el aire o incluso desaparecen coches. ¡Es como si vieras los efectos especiales del cine en la vida real!

NOTAS IMPORTANTES:

¡Ya casi comenzamos con la magia! Solo quiero explicarte algunas notas importantes que veremos a lo largo de este capítulo.

- **MAZO DE CARTAS:** existen 52 cartas diferentes en un mazo de póker. Te recomiendo comprar la marca Bicycle (es mi favorita y la más utilizada por los magos). Tiene cuatro palos, que son diamante, corazón, trébol y espada; cada palo está numerado del as al 10, y las caras son la jota, la reina y el rey.

- **ESPECTADOR Y MAGO:** cuando me refiera al espectador o a la audiencia, es a quien le estás presentando el juego de magia. ¡Tú serás el mago!

Todas las explicaciones están escritas para personas diestras; si eres zurdo, hazlas a la inversa.

¡Ahora sí! ¡Estamos listos para comenzar!

MAGIA CON CARTAS

LA CARTA QUE GIRA

NIVEL DE DIFICULTAD	MATERIALES	EFECTO
★★★☆☆	Un mazo de cartas	Una carta elegida por el espectador mágicamente se voltea en el mazo.

SECRETO:

1

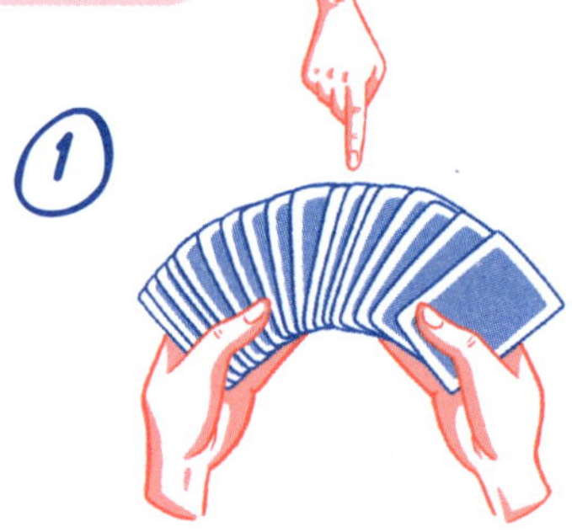

Toma un mazo de cartas, pídele a tu espectador que elija una y la memorice.

2

De manera rápida y secreta, y mientras el espectador mira la carta, voltea la última carta del mazo y dale la vuelta a este. Si miras el mazo, la de hasta arriba estará boca abajo, y el resto, boca arriba.

3

Toma la carta del espectador y regrésala al mazo. Recuerda hacer esto con cuidado, para que no se esparzan las cartas y se descubra el secreto del truco. Puedes pedirle al espectador que empuje su carta hasta adentro, para que sienta que él mismo la perdió.

Y ahora sí, ¡el momento de la magia! Dile al espectador que harás que su carta gire en menos de un segundo. Pon las cartas en tu espalda y simplemente voltea la que está hasta arriba. Después pon las cartas enfrente de nuevo.

5

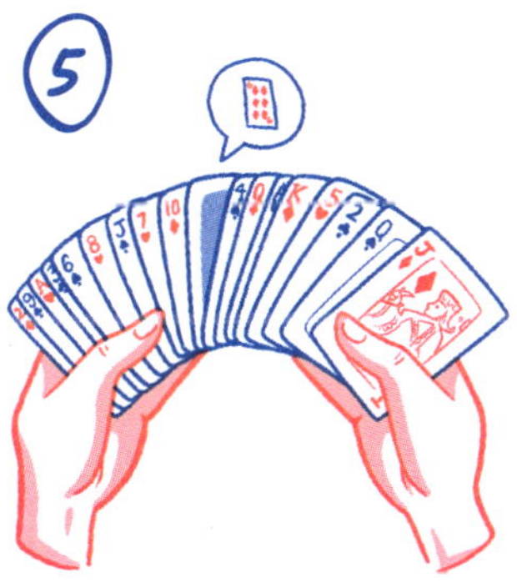

Ahora simplemente esparce las cartas y la que seleccionó el espectador estará boca abajo. Parecerá como si la carta se hubiera volteado por sí misma. **¡Magia!**

PALOMARES,
¿me das un consejo?

Este fue uno de los primeros trucos con cartas que aprendí a hacer cuando era niño. Recuerdo que lo hacía una y otra vez.

Es muy sencillo, pero debes cuidar ciertas cosas. Aquí te comparto algunas recomendaciones.

El momento más importante del truco es cuando la persona está mirando su carta, porque ahí deberás hacer el movimiento secreto.

Practícalo bien para que te salga rápido y, al mismo tiempo, estés atento a tu espectador para que lo hagas justo cuando esté distraído viendo su carta.

¡POR CIERTO!

Tengo un video de este truco en mi canal de YouTube. Si quieres verlo en acción, y un tutorial, puedes encontrarlo aquí:

MAGIA CON CARTAS

TRANSPORTACIÓN IMPOSIBLE

NIVEL DE DIFICULTAD	MATERIALES	EFECTO
★ ★ ★ ★ ★	2 cartas idénticas 1 carta de diferente valor Pegamento (lápiz adhesivo)	El mago muestra dos cartas. Una la coloca en la mesa y la otra en la mano. Al hacer un ademán mágico, las cartas se intercalan de manera imposible.

SECRETO:

1

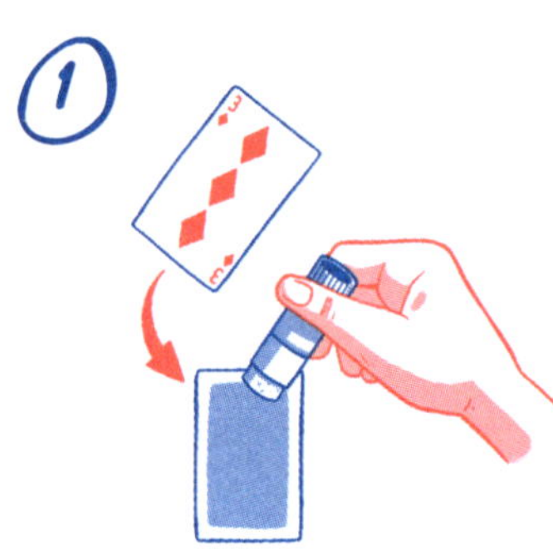

La clave del truco es que utilizarás una carta doble cara. Para crearla solo debes pegar con el lápiz adhesivo una de las cartas que son iguales con la que es diferente. En este caso el 10 de espadas con el 3 de diamantes. Por lo tanto, tendrás una carta doble cara que de un lado será el 3 de diamantes y del otro el 10 de espadas y un 10 de espadas normal.

2

Vas a mostrar las dos cartas y le dirás al espectador que pondrás el 3 de diamantes sobre la mesa. Lo que realmente sucederá es que colocarás el 10 de espadas y voltearás la carta doble cara. Para esto realizarás dos movimientos a la vez: el primero será deslizar las cartas con tu dedo pulgar hacia adelante, y el segundo, girar la muñeca para voltear las cartas. Si lo haces naturalmente, nadie se dará cuenta de que solo una carta se volteó.

3

Ahora coloca el 10 de espadas sobre la mesa (el espectador pensará que se trata del 3 de diamantes) y en tu mano te quedarás con la carta doble cara. Ahora sí: **¡el momento de la magia!** Girarás la muñeca de manera rápida con la carta en la palma de tu mano y la empujarás con tu dedo pulgar. Esto creará la ilusión de que cambiaste la carta de manera mágica con tus manos, cuando en realidad lo único que hiciste fue girarla.

4

Por último, pídele a tu espectador que voltee la carta. Para su sorpresa, creerá que las cartas se intercalaron de manera mágica.

PALOMARES,
¿me das un consejo?

Lo padre de este truco es que solo necesitas dos cartas. Esto quiere decir que puedes llevarlas en tu bolsa o cartera y siempre estar listo para hacer el truco. Yo las cargué por muchos años en mi cartera y me encantaba hacerlo todo el tiempo.

Recuerda que la magia siempre será más sorprendente si sucede en las manos del espectador, así que te recomiendo que, en vez de colocar la carta en la mesa, la pongas en su mano.

¡POR CIERTO!

Aunque es raro que suceda, si te piden examinar las cartas, no te preocupes. Siempre carga con una tercera carta normal, y al momento en que la examinen, cámbiala por la carta que no es doble cara.

MAGIA CON CARTAS

LA CARTA LLAVE

NIVEL DE DIFICULTAD	MATERIALES	EFECTO
★☆☆☆☆	Un mazo de cartas	El mago logrará encontrar la carta elegida por el espectador bajo condiciones imposibles.

SECRETO:

1

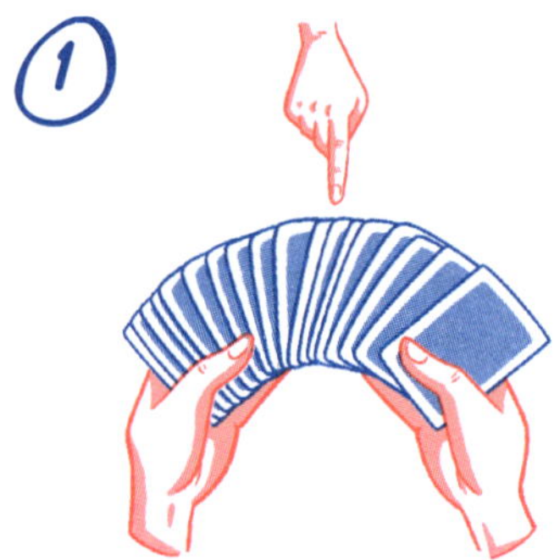

Pídele a tu espectador que elija una carta.

2

Mientras él mira su carta, tú verás y memorizarás la carta que está hasta abajo. Esa será tu carta llave.

3

Pídele a tu espectador que regrese la carta hasta arriba en el mazo. Ahora simplemente corta las cartas para perderla al centro del mazo. Lo que estás logrando aquí es juntar la carta llave que memorizaste junto con la del espectador.

4

Pídele a tu espectador que corte las cartas cuantas veces quiera. Esto no afectará tu carta llave.

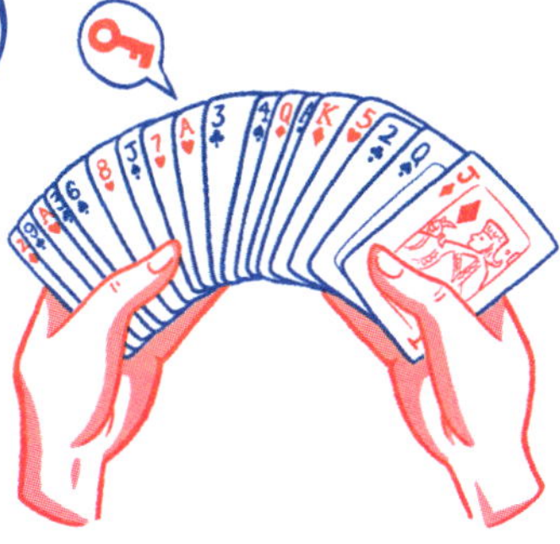

Para terminar, dile a tu espectador que encontrarás su carta. Pídele que se concentre en ella y crea la ilusión de que le estás leyendo la mente. Ahora solo toma las cartas, busca tu carta llave y la carta que esté debajo de ella será la de tu espectador. Sácala, ponla boca abajo en la mesa y pregúntale cuál era su carta, y cuando responda, pídele que voltee la carta en la mesa. ***Voilà!***

PALOMARES,
¿me das un consejo?

Es muy importante que al momento de pedirle a tu espectador que corte las cartas, únicamente haga cortes y no las mezcle, ya que esto hará que tu carta llave ya no esté junto a la carta seleccionada.

Esta técnica te da la posibilidad de presentar el mismo truco de maneras diferentes. Por ejemplo, puedes decirle a tu espectador que eres capaz de sentir el calor de las cartas y que con el puro tacto encontrarás la suya.

O también puedes colocar una por una las cartas sobre la mesa y decirle que leerás su lenguaje corporal para descubrir cuál es su carta.
Estas son solo un par de ideas, pero estoy seguro de que puedes encontrar muchas más.

¡PONTE CREATIVO!

MAGIA CON CARTAS

VELOCIDAD INCREÍBLE

NIVEL DE DIFICULTAD	MATERIALES	EFECTO
★★★☆☆	Un mazo de cartas	Dos cartas se pierden en el mazo y con un solo movimiento mágico, el mago logra encontrarlas.

SECRETO:

1

Antes de comenzar, vas a tomar el 9 de corazones, el 6 de corazones, el 9 de diamantes y el 6 de diamantes. Después acomodarás en la parte de abajo el 6 de corazones, y arriba el 9 de diamantes. El 6 de diamantes y el 9 de corazones los tendrás boca arriba, encima de la baraja.

2

Dile a tu espectador que tienes contigo dos cartas, un 6 y un 9 rojo (no hagas énfasis en el palo de las cartas, solo di que son dos cartas rojas, así nomás, casualmente). Pídele a tu espectador que pierda las cartas en diferentes partes de la baraja.

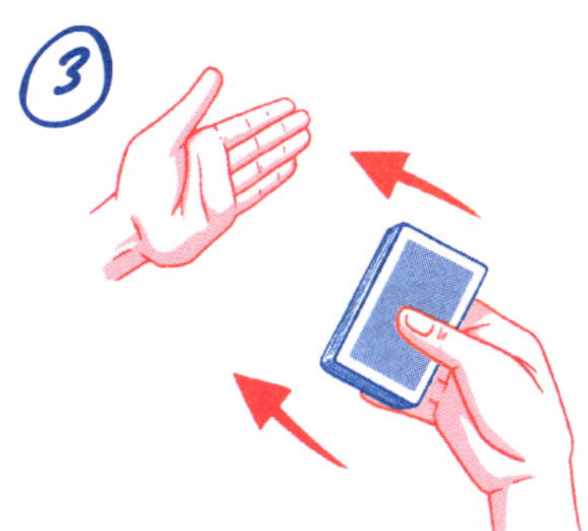

Ahora dile que encontrarás las cartas de una manera mágica. Toma el mazo con tu mano dominante, colocando el pulgar encima y los cuatro dedos restantes en la parte de abajo. Haz un poco de presión sobre las cartas y, ahora, simplemente lanza el mazo de una mano a la otra.

Si lo hiciste de manera correcta, las cartas pasarán de una mano a la otra, excepto la carta de hasta arriba y la de hasta abajo.

Ahora simplemente voltea las dos cartas y dile a tu espectador que encontraste sus cartas. Obviamente no son las mismas de al inicio, pero él no se dará cuenta. ¡Magia!

PALOMARES,
¿me das un consejo?

El movimiento de lanzar las cartas requiere un poco de práctica, pero es más fácil de lo que parece, ¡CONFÍA EN TI!

Es muy importante que, al inicio del truco, cuando muestres el 6 y el 9, lo hagas lo más casual posible y no les prestes mucha atención a las cartas.

Si estás tranquilo, la gente no sospechará nada sobre las cartas. En cambio, si actúas nervioso, querrán entender qué es lo que sucede y empezarán a revisar los detalles. Así que tranquilo y...

¡DISFRUTA TU MAGIA!

MAGIA CON CARTAS

LA CARTA QUE LEVITA

NIVEL DE DIFICULTAD	MATERIALES	EFECTO
★★★☆☆	Un mazo de cartas	El espectador elige una carta y esta mágicamente comienza a levitar en el mazo.

SECRETO:

1

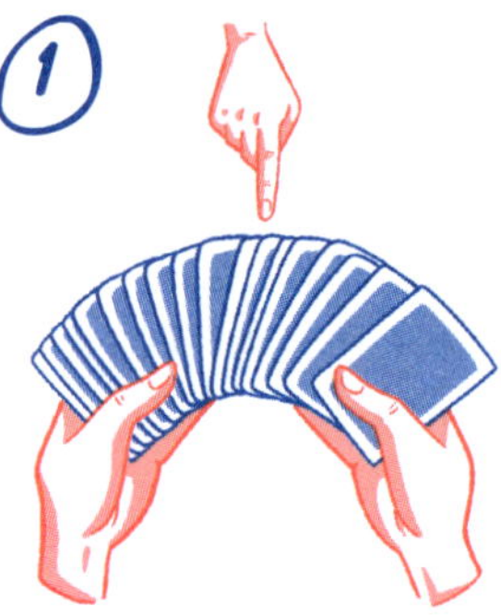

Pídele a tu espectador que elija libremente una carta.

2

A continuación, dile que regrese la carta al centro de la baraja, y sin que se dé cuenta, la colocarás hasta arriba de la misma.

3

Para esto, vas a separar el mazo en dos.

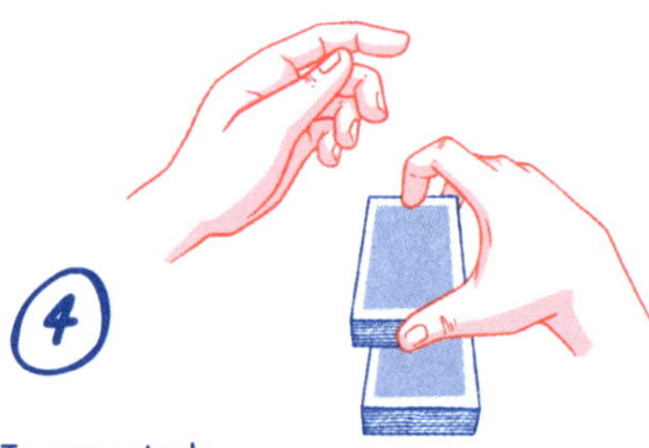

4

Tu espectador pondrá su carta hasta arriba de una de las dos mitades, y tú le harás creer que colocaste la otra mitad encima, pero en realidad la pondrás abajo. De este modo, la carta de tu espectador quedará hasta arriba. (Debes hacer este movimiento rápido, para que parezca que la carta se perdió en el centro.)

Ahora coloca las cartas con tu mano izquierda, tal como muestra la imagen. Asegúrate de que estás mostrando al espectador la parte de enfrente de las cartas.

Con el meñique derecho, vas a tocar la carta que está hasta arriba (la cual es la que eligió el espectador). El índice estará tocando la parte de arriba de las cartas, tal como se ve en la imagen.

Ahora simplemente levanta toda tu mano y asegúrate de llevar con tu meñique la carta elegida por el espectador. **¡Parecerá que su carta está levitando!**

PALOMARES,
¿me das un consejo?

Los ángulos son muy importantes en este truco. Asegúrate de que no haya nadie a tus lados, pues te pueden descubrir el secreto.

Este es un gran truco para hacérselo a una persona; o bien, para algún video en redes sociales. Si llegas a grabar un video, no olvides etiquetarme.

Prometo que si lo veo, ¡lo compartiré en mis historias de Instagram!

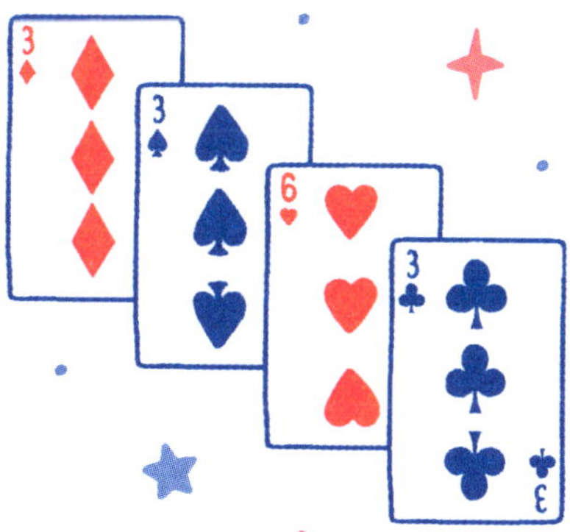

MAGIA CON CARTAS

EL GOLPE PERFECTO

NIVEL DE DIFICULTAD	MATERIALES	EFECTO
★★★★★	Un mazo de cartas	Una carta elegida es perdida en el mazo. Después, el mago coloca las cartas en las manos del espectador y al golpearlas todas las barajas caerán al piso, excepto la carta elegida.

SECRETO:

1

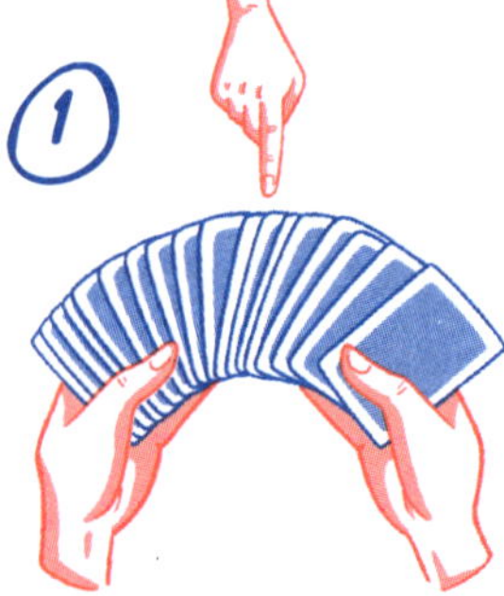

Este truco te sorprenderá. ¡Será increíble cuando lo practiques y te funcione! Primero, pídele a tu espectador que elija libremente una carta.

2

Ahora vas a hacer la técnica que aprendiste en el truco "La carta llave", en la página 94. Memoriza la carta de hasta abajo, mientras el espectador mira su carta. Después, pondrás la carta del espectador hasta arriba y cortarás para juntar su carta y tu carta llave.

3

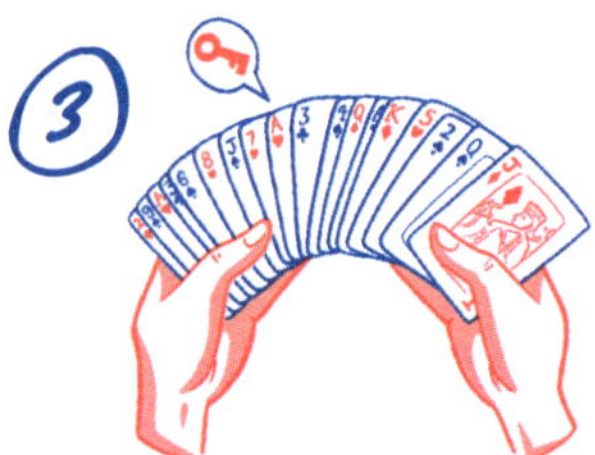

Dile a tu espectador que intentarás encontrar su carta. Pon los mazos frente a ti e identifica la carta llave (recuerda que la carta junto a ella es la de tu espectador). Ahora simplemente haz un corte para colocar la carta de tu espectador hasta abajo del mazo.

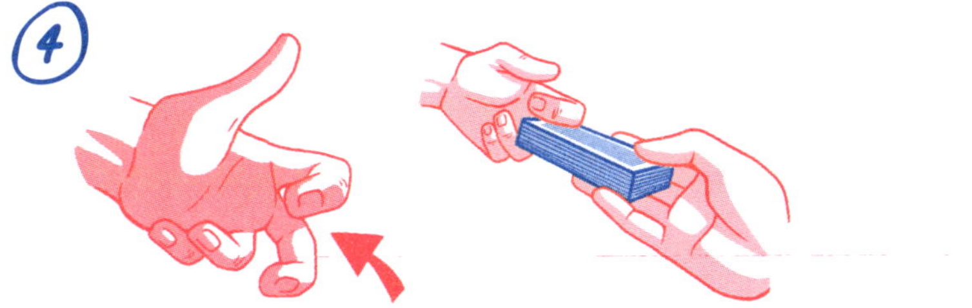

A continuación, pide a tu espectador que doble sus dedos índice y medio y cree un espacio entre ellos, tal como se ve en la imagen. Colócale las cartas entre sus dedos y pídele que haga presión en ellas.

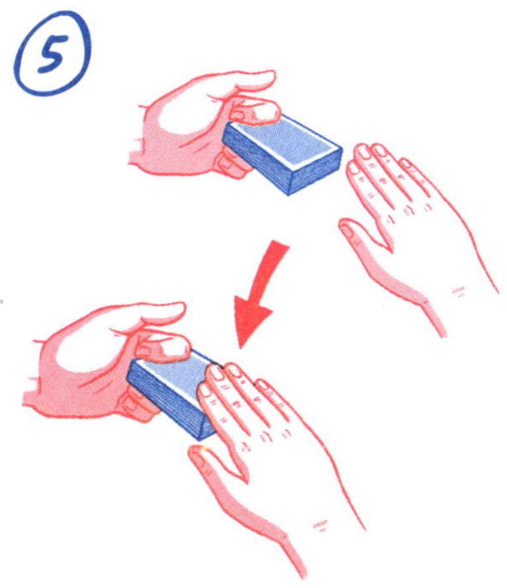

Dile a tu espectador que encontrarás su carta de una manera especial. Pídele que quite un poco de presión en las cartas, y después solicítale que agregue un poco más de presión. Esto es importante para que el espectador no deje caer todas las cartas y funcione el truco.

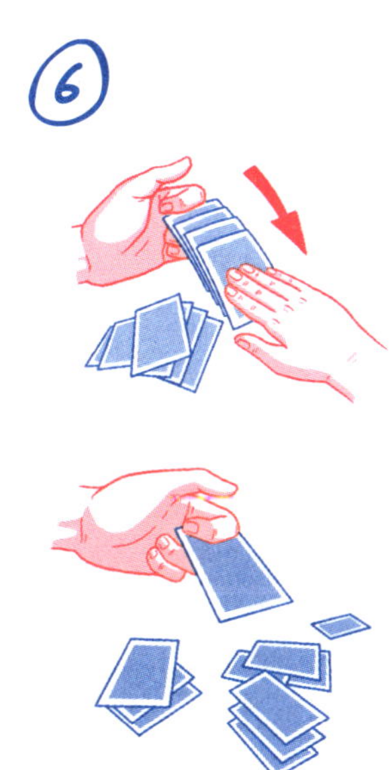

Ahora, simplemente dales un golpe a las cartas (procura que no sea tan duro ni tan ligero). Golpea el mazo cuantas veces sea necesario, hasta que solo quede una carta en su mano.

El truco es que todas las cartas caerán excepto la última, que es la que eligió tu espectador. Ahora pregúntale cuál era su carta y pídele que voltee su mano. **¡El golpe perfecto!**

PALOMARES,
¿me das un consejo?

Este truco requiere dos cosas muy importantes: 1) práctica y 2) ¡confianza!

Recuerda siempre practicar tu magia. En este caso, lo que más necesitas dominar es qué tan fuerte debes golpear las cartas.

Otra recomendación es que tengas un plan B. Si todas las cartas caen al piso, no pasa nada. Lo padre de la magia es que tiene el elemento sorpresa. ¡Nadie sabe qué sucederá al final de un truco!

Por lo tanto, si se caen todas las cartas, simplemente actúa como si fuera parte del truco y encuentra la carta del espectador en el piso, ¡y hazlo de manera dramática!

MAGIA CON CARTAS

ADIVINO TU CARTA

NIVEL DE DIFICULTAD	MATERIALES	EFECTO
★☆☆☆☆	Un mazo de cartas	El espectador elige una carta. Al momento de regresarla al mazo, el mago es capaz de encontrarla en cuestión de segundos.

SECRETO:

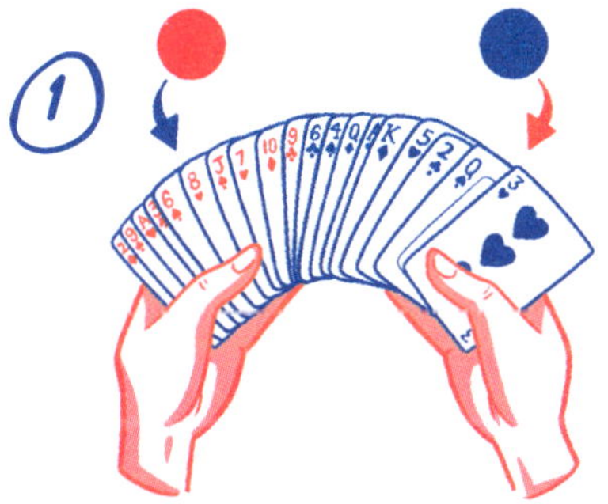

1. Antes de comenzar el truco, separa las cartas rojas y las cartas negras. En este caso, pondremos las rojas en la mitad de arriba y las negras en la de abajo.

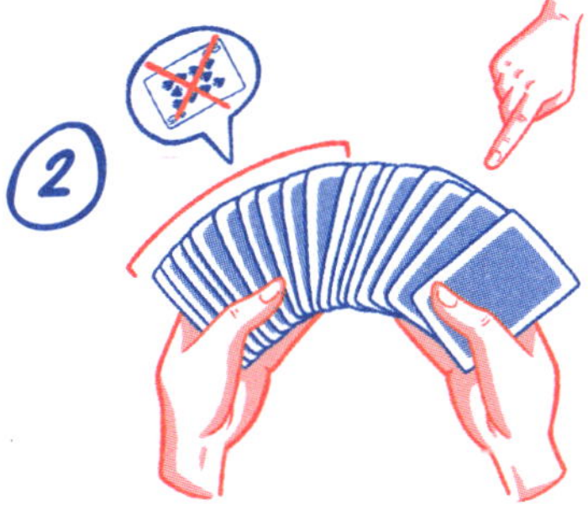

2. Pídele a tu espectador que elija una carta. El secreto es asegurarse de que escoja una de la sección de arriba, es decir, una roja. Para esto, esparce las cartas con calma y no hagas mucho énfasis sobre la elección de la carta.

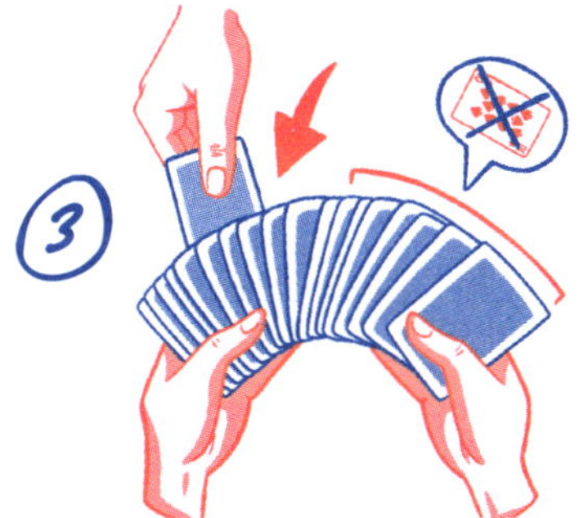

3. Ahora pídele que regrese la carta, pero asegúrate de que lo haga en la sección de abajo, es decir, en la de las cartas negras.

4

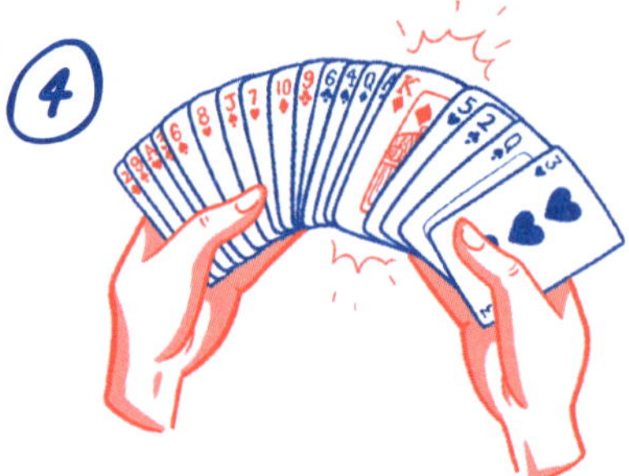

A continuación, dile que intentarás encontrar su carta. Simplemente esparce el mazo frente a ti (asegúrate de que tu espectador no las pueda ver) y encuentra la carta roja entre las negras. Muéstrasela y pregúntale: ***"¿Esta era tu carta?"***.

PALOMARES,
¿me das un consejo?

Este es uno de los trucos más sencillos en este libro, pero eso no quiere decir que no sea sorprendente, ¡y mucho menos que no debas practicarlo!

Lo más difícil es asegurar que el espectador elija la carta de la sección de arriba y después la coloque en la parte de abajo. Practica con algún amigo o familiar hasta que todo fluya.

¡Y muy importante! Cuida que tu espectador nunca vea el frente de las cartas.

MAGIA CON CARTAS

CORTANDO LOS ASES

NIVEL DE DIFICULTAD	MATERIALES	EFECTO
★☆☆☆☆	Un mazo de cartas	Después de hacer varios cortes y mezclas, el espectador mágicamente encontrará los cuatro ases.

SECRETO:

1

Para preparar este truco, primero, de manera secreta, vas a poner los cuatro ases hasta arriba del mazo.

2

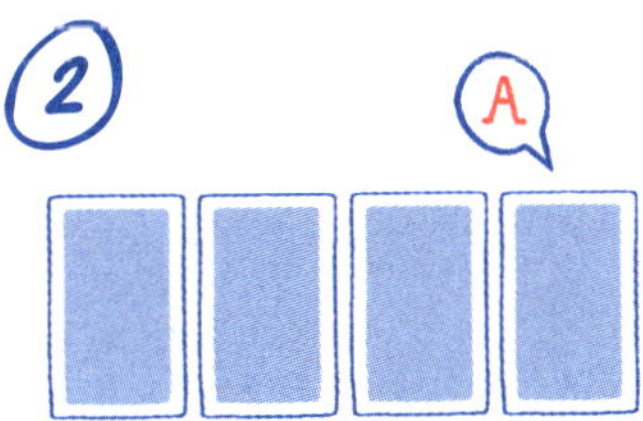

Ahora pídele a tu espectador que corte en cuatro partes las cartas. Asegúrate de nunca perder de vista en dónde están los cuatro ases.

3

Dile a tu espectador que vas a mezclar las cartas de una manera especial. Apunta a cualquiera de los montones, excepto el de los cuatro ases (ese debe ser el último con el que trabajes) y pídele al espectador que tome las tres cartas de hasta arriba y las ponga al fondo del montón en el que estaban. Después dile que tome las siguientes tres cartas de ese montón y las ponga en la parte de arriba de los tres montones restantes (es decir, una carta en cada montón).

Repite esta acción para los demás montones, pero asegúrate de dejar hasta el final el que tiene los cuatro ases.

Cuando tu espectador termine de hacer esto, dile que voltee las primeras cartas de los cuatro montones y, para su sorpresa, aparecerán los cuatro ases. **¡Magia!**

PALOMARES,
¿me das un consejo?

Lo más importante en este truco es no perder de vista el montón que tiene los cuatro ases. Así que, sin ser muy obvio, no pierdas de vista ese montón y déjalo para el final.

Este fue uno de los primeros trucos que aprendí y era uno de mis favoritos. La gente se sorprendía muchísimo, probablemente porque la magia no la hacía yo, sino ellos.

Gracias a este truco descubrí que la magia siempre será más sorprendente cuando sucede en las manos del espectador.

LA COINCIDENCIA PERFECTA

NIVEL DE DIFICULTAD	MATERIALES	EFECTO
★ ★ ★ ☆ ☆	Dos mazos de cartas	El espectador y el mago eligen una carta aleatoria de diferentes mazos y, como por arte de magia, ambos seleccionan la misma carta.

SECRETO:

1

Dile a tu espectador que imite tus acciones. Primero toma uno de los dos mazos que están sobre la mesa y mezcla las cartas. Ahora pídele que haga lo mismo con el otro mazo.

2

De manera secreta, memoriza la carta que está hasta abajo en tu mazo. (¿Recuerdas el efecto de "La carta llave", de la página 94? Espero que sí, porque volveremos a aplicarlo; recuerda muy bien esa carta). A continuación, intercambia los mazos con tu espectador.

3

Ahora vas a tomar una carta de tu mazo, la verás y le dirás a tu espectador que la memorizarás, pero en realidad no vas a memorizar nada, solo llevarás a cabo la acción.

Después, coloca la carta hasta arriba y corta las cartas para perderla en el centro. Pídele a tu espectador que haga exactamente lo mismo que tú. Esto hará que su elección quede junto a tu carta llave.

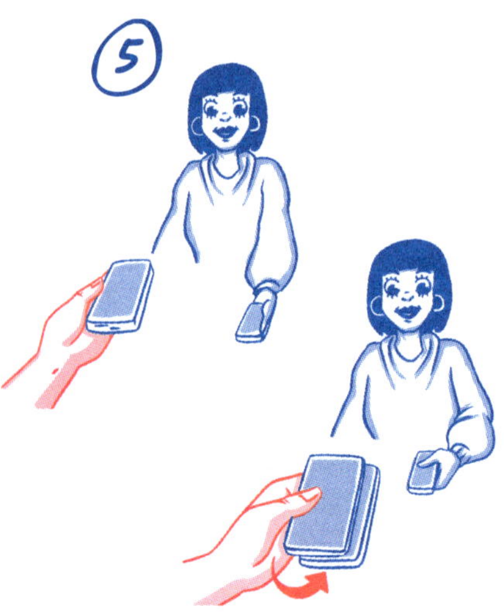

Vas a cortar las cartas cuantas veces quieras, para perder la carta elegida, y le pedirás a tu espectador que haga lo mismo. Posteriormente, intercambia mazos con tu espectador.

Pídele a tu espectador que busque su carta en su mazo y la ponga sobre la mesa, boca abajo; dile que tú harás lo mismo (en realidad, lo que vas a hacer es buscar tu carta llave y pondrás su elección boca abajo también).

Ahora simplemente volteen ambas cartas y felicita a tu espectador por lo bien que conectaron. **¡La coincidencia perfecta!**

PALOMARES,
¿me das un consejo?

Este es uno de los mejores trucos que puedes hacer, pues la magia no la haces tú, sino tu espectador. ¡Además de que logras generar una conexión increíble con esa persona!

Es muy importante que te asegures de que ambos mazos están completos. Me ha sucedido que, al momento de buscar la carta del espectador, simplemente no la hallaba porque el mazo estaba incompleto.

Si esto llega a sucederte, no te preocupes: simplemente dile a tu espectador que a la cuenta de tres ambos digan la carta en voz alta.

¡DISFRUTA ESTE GRAN TRUCO!

MAGIA CON CARTAS

EL NÚMERO MÁGICO

NIVEL DE DIFICULTAD	MATERIALES	EFECTO
★ ★ ★ ★ ★	Un mazo de cartas	El espectador pensará en una carta y el mago descubrirá esa carta de manera mágica.

SECRETO:

1

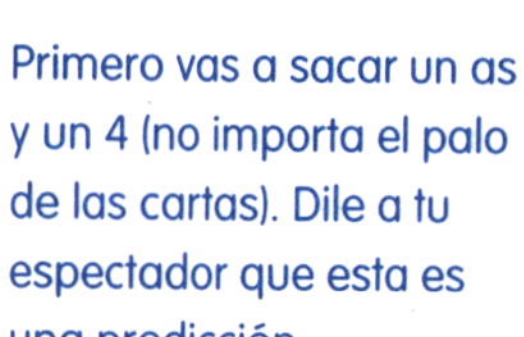

Primero vas a sacar un as y un 4 (no importa el palo de las cartas). Dile a tu espectador que esta es una predicción.

2

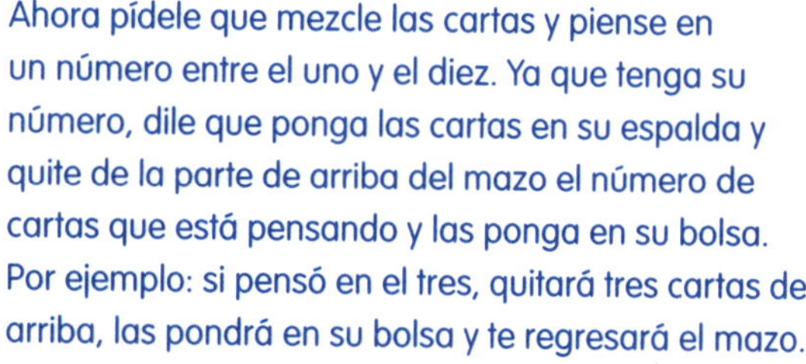

Ahora pídele que mezcle las cartas y piense en un número entre el uno y el diez. Ya que tenga su número, dile que ponga las cartas en su espalda y quite de la parte de arriba del mazo el número de cartas que está pensando y las ponga en su bolsa. Por ejemplo: si pensó en el tres, quitará tres cartas de arriba, las pondrá en su bolsa y te regresará el mazo.

3

Ahora dile que vas a contar las cartas una por una mientras las pones sobre la mesa, y que al momento que digas el número que pensó, memorice esa carta.

4

Cuenta hasta diez, y después, continúa hasta llegar al número trece. Haz esto de manera natural, sin darle mucha importancia. Ahora confirma con tu espectador si recordó su carta.

Toma las trece cartas y ponlas hasta arriba del mazo; pídele al espectador que saque las cartas que puso en su bolsa y las coloque hasta arriba del mazo.

6

La carta pensada por el espectador será la número catorce, esto sucede de manera automática. Así que ahora simplemente muéstrale el as y el 4 y dile que su carta estará en la posición número catorce.

7

Cuenta las cartas, separa la número catorce y antes de que la voltees, pregúntale cuál era su carta. Una vez que la diga, voltea la carta **¡y disfruta su reacción!**

PALOMARES,
¿me das un consejo?

La primera vez que te salga este truco, vas a sorprenderte.

La verdad es que funciona por sí solo, pero lo difícil es recordar bien todos los pasos.

Te recomiendo estudiar bien cada paso y practicarlo, para que al momento de que lo hagas estés concentrado en tu presentación y no en los pasos a seguir.

¡Disfruta este gran truco y sorprende a tus familiares y amigos!

MAGIA CON OBJETOS
COTIDIANOS

MAGIA CON OBJETOS COTIDIANOS

EL VASO QUE LEVITA

NIVEL DE DIFICULTAD	MATERIALES	EFECTO
★☆☆☆☆	Vaso desechable (de unicel o de plástico) Tijeras	El vaso levita entre las manos del mago.

SECRETO:

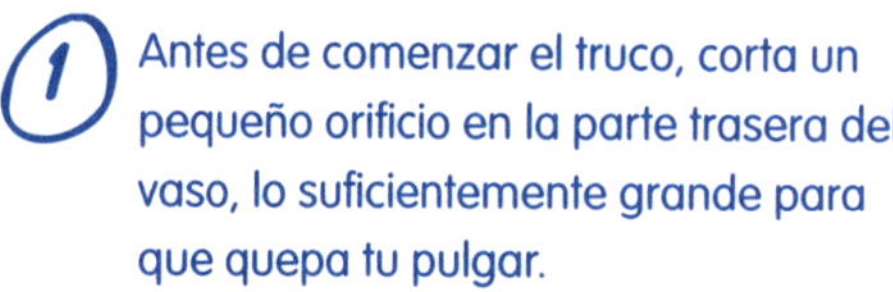

1. Antes de comenzar el truco, corta un pequeño orificio en la parte trasera del vaso, lo suficientemente grande para que quepa tu pulgar.

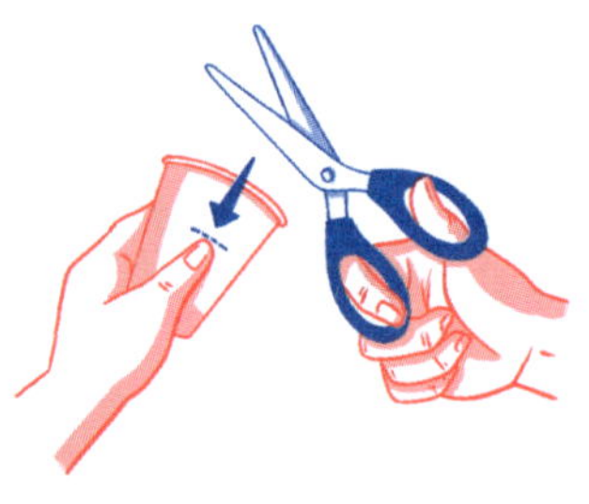

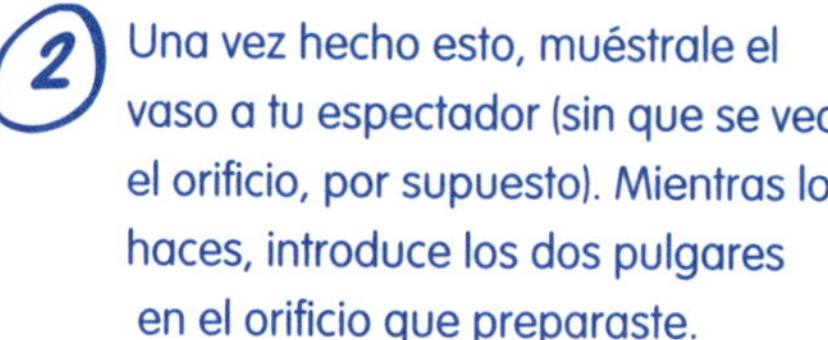

2. Una vez hecho esto, muéstrale el vaso a tu espectador (sin que se vea el orificio, por supuesto). Mientras lo haces, introduce los dos pulgares en el orificio que preparaste.

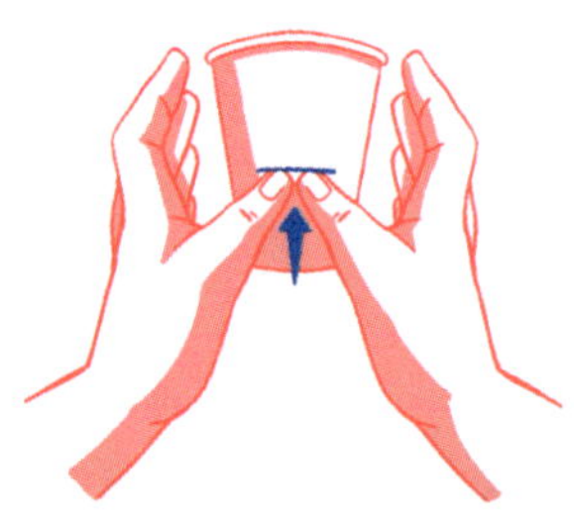

PALOMARES,
¿me das un consejo?

Te recomiendo ensayar este truco frente a un espejo. Es un truco sencillo, pero puedes hacerlo parecer muy mágico si lo practicas bien.

También puedes hacer el orificio en el vaso usando únicamente tus dedos, así tendrás la preparación justo antes de hacer el truco.

Este truco es ideal para compartir en redes sociales. Si llegas a hacer un video del mismo, **¡NO OLVIDES ETIQUETARME PARA VERTE!**

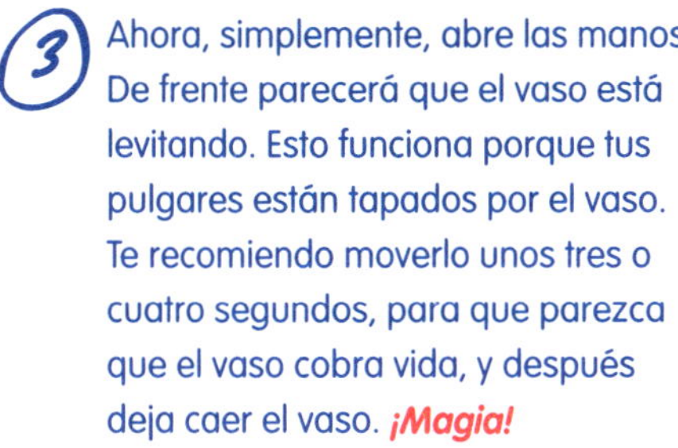

3. Ahora, simplemente, abre las manos. De frente parecerá que el vaso está levitando. Esto funciona porque tus pulgares están tapados por el vaso. Te recomiendo moverlo unos tres o cuatro segundos, para que parezca que el vaso cobra vida, y después deja caer el vaso. ***¡Magia!***

MAGIA CON OBJETOS COTIDIANOS

EL PALILLO QUE DESAPARECE

NIVEL DE DIFICULTAD	MATERIALES	EFECTO
★ ★ ★ ★ ★	Un palillo de dientes Cinta adhesiva	Un palillo de dientes aparece y desaparece en las manos del mago.

SECRETO:

1. Primero pega un palillo de dientes en la parte trasera de tu pulgar, para esto utiliza la cinta adhesiva transparente.

2. Esto logrará que, al momento en que abras tu mano, el palillo se esconda atrás de ella.

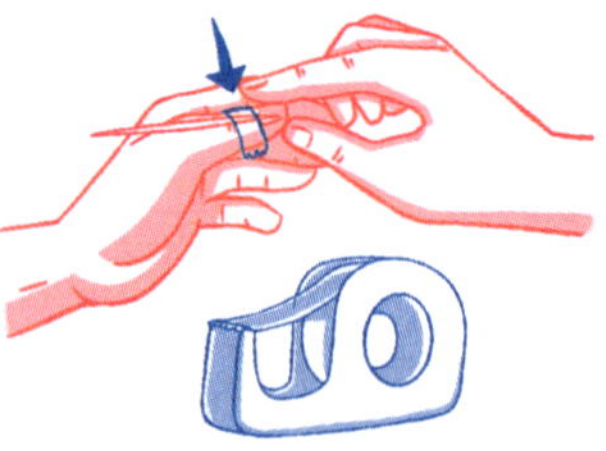

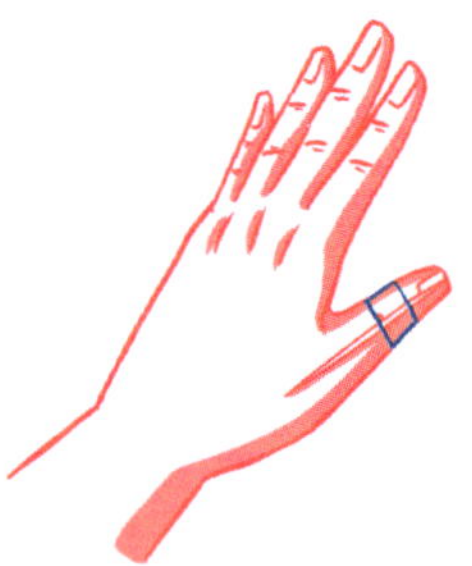

¡Estás listo para la magia! Con el espectador frente a ti, cierra tu mano para aparecer el palillo, y cuando quieras hacerlo desaparecer, simplemente abre tu mano.

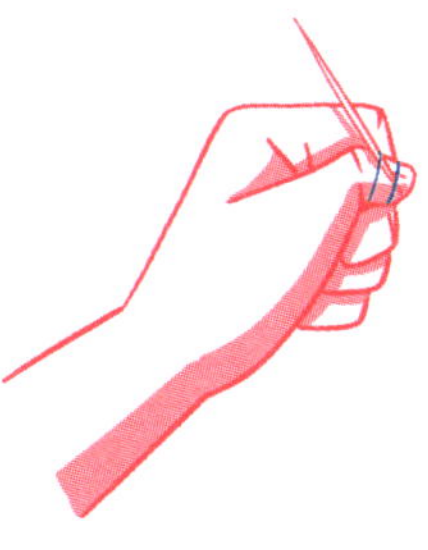

PALOMARES,
¿me das un consejo?

Debo confesarte que este truco está pensado, más que nada, para hacer frente a la cámara, pues los ángulos son muy importantes.

Practica tus ademanes mágicos frente al espejo, para que al momento en que aparezcas y desaparezcas el palillo, se vea realmente mágico.

Otra recomendación es que utilices otros objetos que puedas esconder en tu dedo, como bastoncillos de algodón o un lápiz pequeño.

MAGIA CON OBJETOS COTIDIANOS

EL BOLÍGRAFO MÁGICO

NIVEL DE DIFICULTAD	MATERIALES	EFECTO
★★★☆☆	Un bolígrafo o plumón	Un bolígrafo se dobla mágicamente, después levita y, al final, desaparece.

SECRETO:

1

Aquí aprenderás tres trucos con el mismo bolígrafo. Al acto de combinar trucos en el mundo de la magia se le conoce como una rutina. Por lo tanto, ¡con estos tres trucos aprenderemos nuestra primera rutina de magia! Comenzaremos con un plumón (o pluma) y le explicaremos a nuestro espectador que el plumón tiene elementos un poco extraños.

2 Con muy poca presión, tomarás el plumón de uno de los extremos. A continuación, mueve tu mano rápidamente, hacia arriba y hacia abajo. Esto generará la ilusión de que el plumón se dobla, como si estuviera hecho de goma.

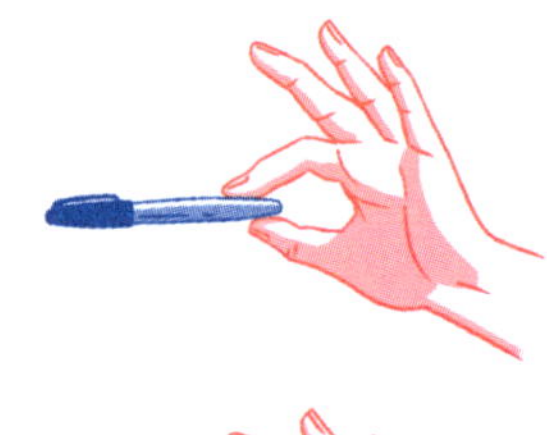

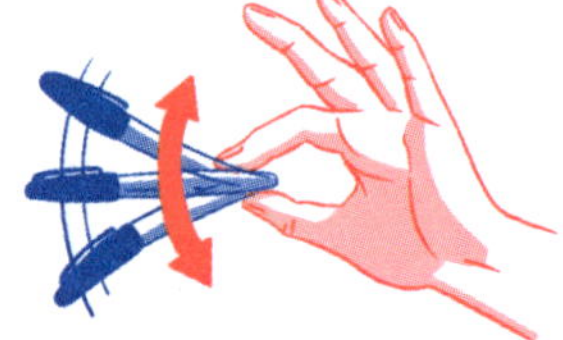

3 Para continuar con tu rutina, dile a tu espectador que harás que el plumón genere electricidad. Frota el plumón en tu playera, después colócalo en tu palma izquierda y cierra la mano en un puño. Con tu mano derecha, aprieta la muñeca y, de manera secreta, detén el marcador con tu dedo índice, tal como aparece en la imagen. Ahora abre tu mano, parecerá que el plumón se pegó a ella. Después de unos segundos, déjalo caer.

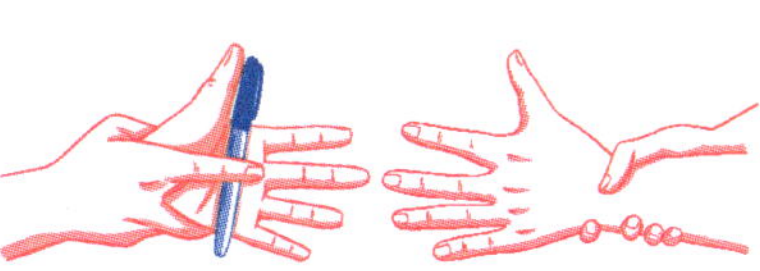
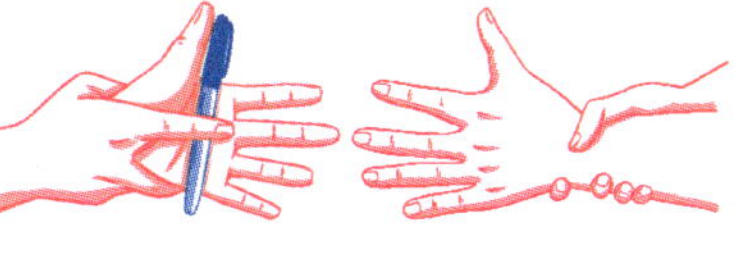

4 Para terminar, toma el plumón con tu mano derecha y abre la palma izquierda. Concentra tu atención en tu mano izquierda y ponte de costado, para que tu espectador vea únicamente tu perfil izquierdo. Dile que, a la cuenta de tres, el plumón cambiará de color. Cuenta hasta tres, y en cada número mueve tu mano de arriba abajo.

PALOMARES,
¿me das un consejo?

Lo más padre de la magia es echar a volar tu imaginación, así que siéntete libre de crear tus propias rutinas.

Puedes combinar la rutina del plumón con el siguiente truco, que es con una moneda. Lo importante es que pongas a trabajar tu creatividad para crear tus propias rutinas.

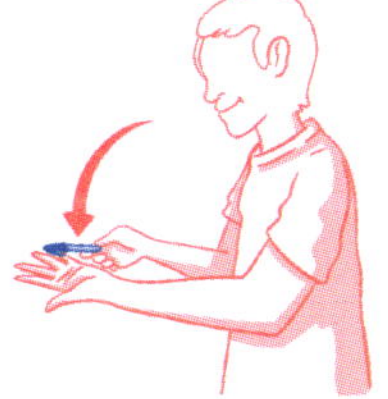
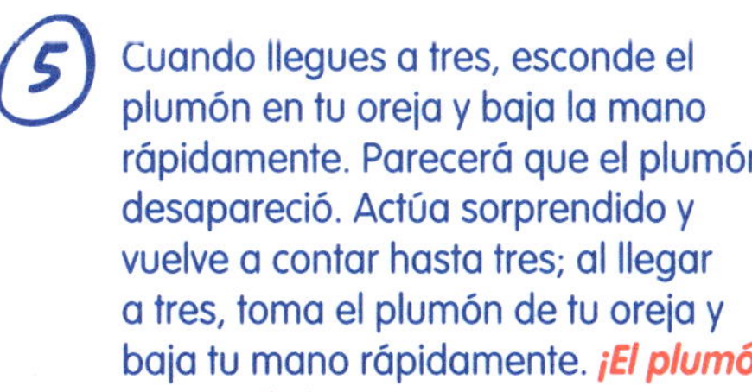

5 Cuando llegues a tres, esconde el plumón en tu oreja y baja la mano rápidamente. Parecerá que el plumón desapareció. Actúa sorprendido y vuelve a contar hasta tres; al llegar a tres, toma el plumón de tu oreja y baja tu mano rápidamente. ***¡El plumón apareció de nuevo!***

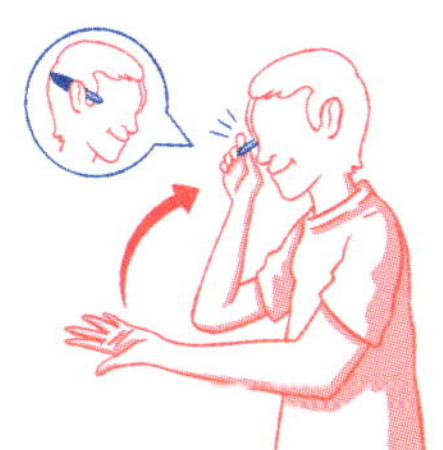

MAGIA CON OBJETOS COTIDIANOS

LA MONEDA QUE DESAPARECE

NIVEL DE DIFICULTAD	MATERIALES	EFECTO
★ ★ ★ ★ ★	Un bolígrafo o plumón Una moneda	Una moneda desaparece mágicamente en las manos del mago.

SECRETO:

1

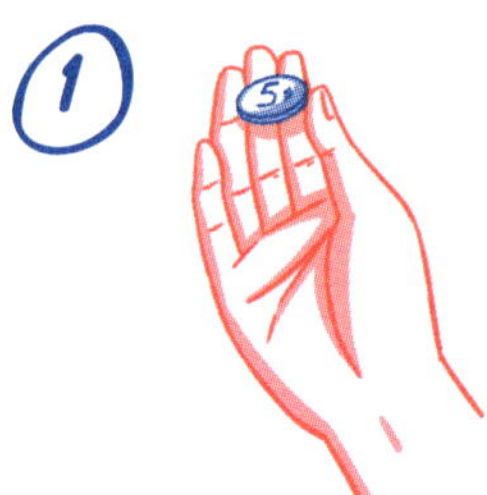

Vas a tomar una moneda con tu mano dominante. Asegúrate de tomarla con las puntas de tus dedos pulgar, índice, medio y anular, para dejar un espacio en donde pueda caer la moneda después, tal como se ve en la ilustración.

2

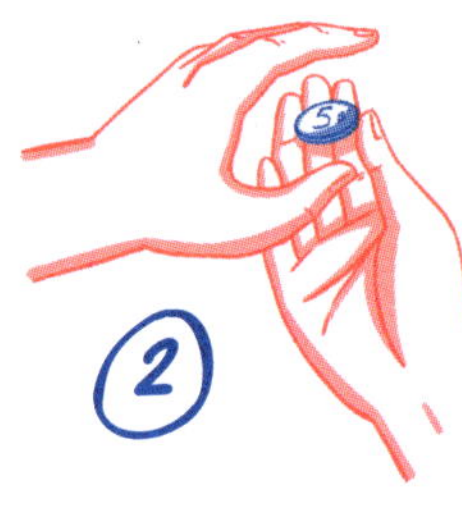

Con la otra mano harás como si fueras a tomar la moneda. Acerca la mano a la moneda, rodéala y cierra la mano.

3

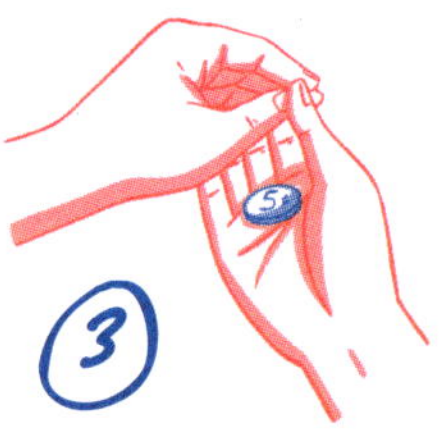

Deja caer la moneda en tu mano dominante y, al mismo tiempo, mueve la otra mano hacia adelante. Con este movimiento, y mirando constantemente hacia ella, crearás la ilusión de que la moneda efectivamente está ahí. Relaja tu mano dominante y curvea tus dedos en forma de "C", para esconder la moneda ahí.

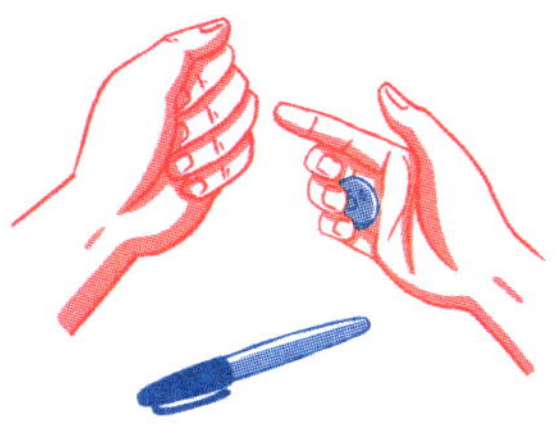

4 Ahora, con tu mano dominante (y con la moneda escondida), vas a tomar el plumón, el cual jugará el papel de una varita mágica. Mueve tu varita-plumón alrededor de la otra mano, haciendo los pases mágicos con los que desaparecerás la moneda. La gente no sospechará que tienes la moneda en esa mano, pues estás deteniendo el plumón. Abre la mano y muestra cómo la moneda desapareció.

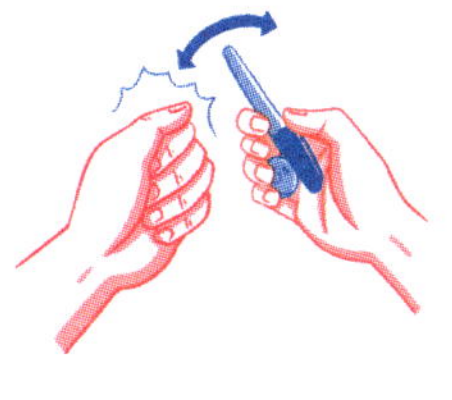

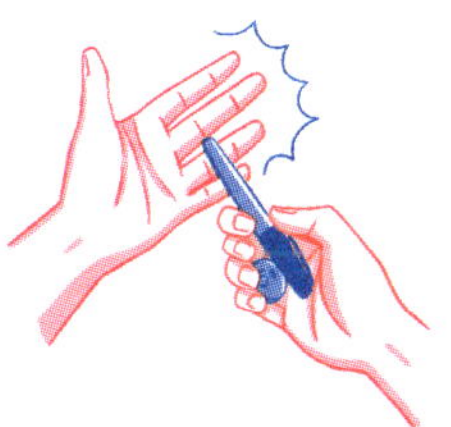

5 Tienes dos opciones para la moneda que tienes oculta: ponerla en tu bolsillo mientras guardas el marcador, o bien, aparecerla en la oreja de tu espectador. Para esto, simplemente acerca tu mano a su oreja y después ponla frente a él, con la moneda ya visible en tu mano.

PALOMARES,
¿me das un consejo?

El secreto de este truco es muy simple, y por lo mismo es uno de los más difíciles de este libro. Te recomiendo practicar frente al espejo, una y otra vez, la acción de tomar la moneda y el plumón. Debe verse lo más natural posible, para que la gente no sospeche que la moneda está escondida en tu otra mano.

Practica mucho, y cuando estés listo, **¡SORPRENDE A TUS AMIGOS CON ESTE GRAN TRUCO DE MAGIA!**

MAGIA CON OBJETOS COTIDIANOS

LA MONEDA QUE TRASPASA LA MESA

NIVEL DE DIFICULTAD	MATERIALES	EFECTO
★★★☆☆	Una moneda	Una moneda atraviesa una mesa.

SECRETO:

1

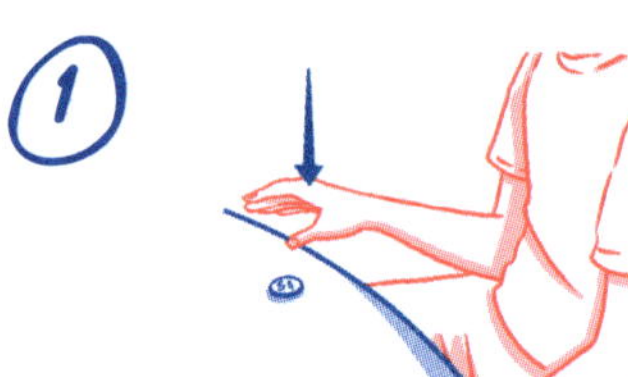

Para este truco debes estar sentado en una mesa que no sea transparente. Coloca cerca de ti una moneda.

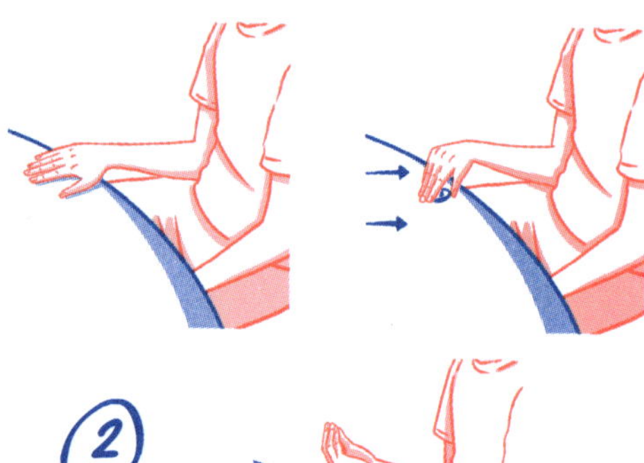

2

Dile a tu espectador que vas a tomar la moneda. Con tu mano dominante, vas a poner tus dedos índice, medio y anular sobre la moneda. Arrástrala hacia ti, y al momento de llegar a la orilla, deja caer la moneda en tu regazo. Al mismo tiempo, vas a levantar tu mano y simular que la moneda está en ella.

3

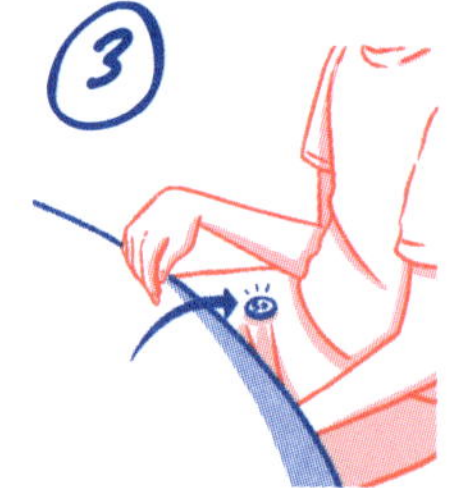

Con tu otra mano, de manera secreta, vas a tomar la moneda de tu regazo.

Ahora vas a golpear la mesa con tu mano vacía y al mismo tiempo, de manera secreta, con la otra mano golpearás la mesa con la moneda. Esto creará la ilusión auditiva de que tu mano vacía tiene una moneda.

Para terminar, golpea tu mano vacía en la mesa, haz el gesto como si estuvieras intentando pasar la moneda sobre la mesa y, con tu otra mano, debajo de la mesa, golpea la moneda para generar otra ilusión auditiva. Saca tu mano debajo de la mesa y muéstrale cómo un objeto sólido atravesó otro objeto sólido. ***¡Magia!***

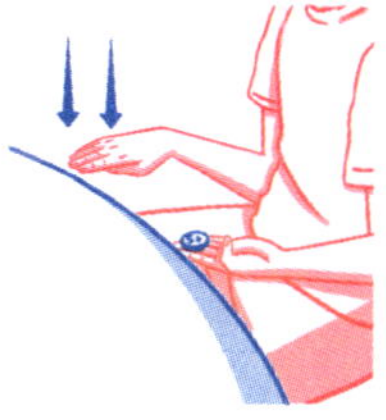

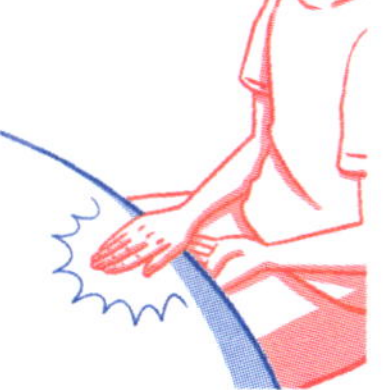

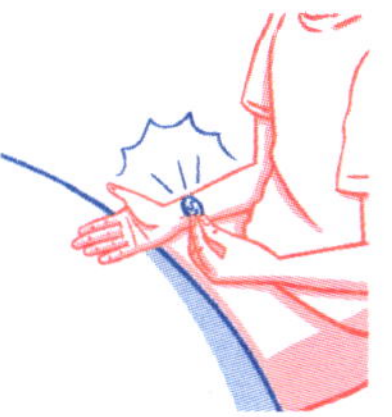

PALOMARES,
¿me das un consejo?

Este truco me encanta, pues la magia sucede gracias al sonido. El espectador realmente pensará que tienes la moneda en la mano, por el puro sonido que haces al momento de golpearla sobre la mesa.

Te recomiendo que practiques bien cómo coordinar los golpes en la mesa con ambas manos. **¡DISFRUTA ESTE GRAN TRUCO DE MAGIA!**

MAGIA CON OBJETOS COTIDIANOS

EL OBJETO QUE DESAPARECE

NIVEL DE DIFICULTAD	MATERIALES	EFECTO
★★★☆☆	Una servilleta o papel aluminio Un salero Una moneda	Un salero es colocado encima de una moneda y se le cubre con una servilleta. El mago anuncia que hará desaparecer la moneda, pero, de manera sorpresiva, el salero es el que desaparece.

SECRETO:

1

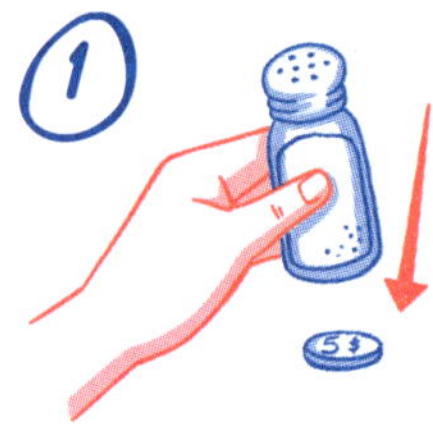

Al igual que en el truco anterior, debes estar sentado en una mesa que no sea transparente. Pon una moneda en la mesa.

2

Dile a tu espectador que harás desaparecer la moneda y que, para esto, necesitas un salero, el cual vas a colocar encima de la moneda. Ahora cubre el salero con una servilleta. Asegúrate de aplastarla bien, para que se marque el contorno del salero.

3

Chasquea los dedos y levanta la servilleta con el salero y llévalo hacia ti. Obviamente, la moneda seguirá ahí, así que actúa como si hubiera salido mal el truco. Mientras haces esto, deja caer el salero en tu regazo, debajo de la mesa.

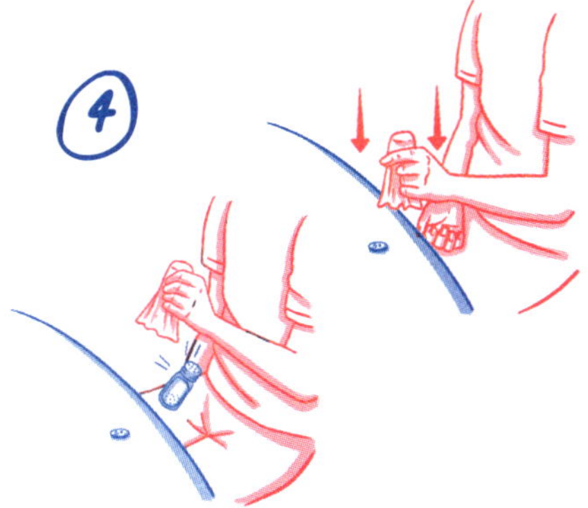

Regresa la servilleta hacia la moneda y ponla encima de ella. La gente pensará que el salero sigue ahí, por el contorno que se creó en la servilleta.

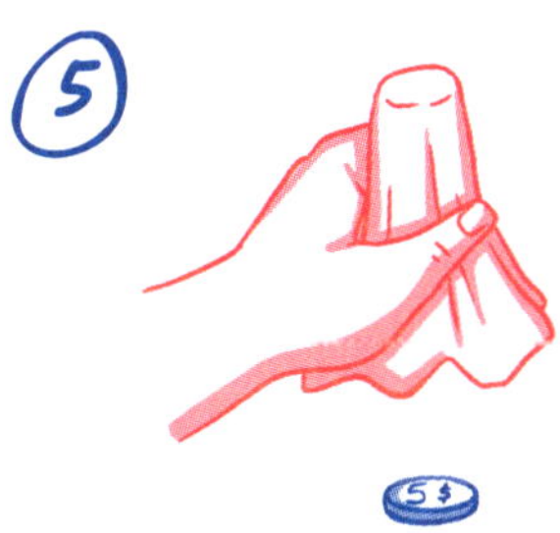

PALOMARES,
¿me das un consejo?

Es muy importante que al inicio del truco digas que la moneda va a desaparecer, así dirigirás la atención a la moneda y no al salero, y en el momento en que lo dejes caer sobre tu regazo, podrás estar más tranquilo (que es muy importante para que no te descubran).

¡Otra cosa! Al igual que en el truco anterior, tienes la opción de decir que el salero va a atravesar la mesa; esto puede ser muy útil para que no tengas que esconderlo en tu regazo una vez que termine el truco.

Para terminar, dile a tu espectador que harás algo aún más imposible: desaparecer el salero. Dale un golpe a la servilleta, parecerá que el salero desapareció. ***¡Disfruta la reacción de tu espectador!***

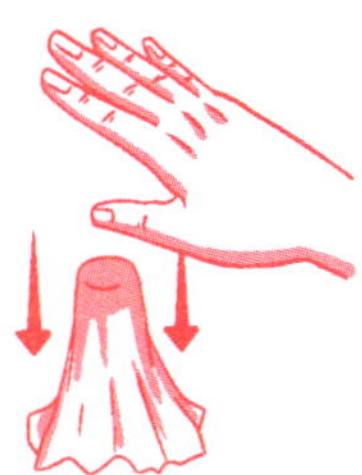

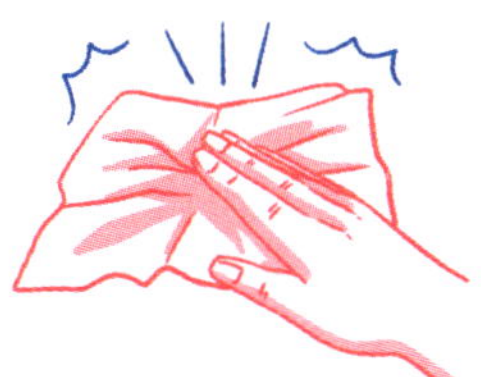

MAGIA CON OBJETOS COTIDIANOS

¿EN DÓNDE ESTÁN LOS CERILLOS?

NIVEL DE DIFICULTAD	MATERIALES	EFECTO
★★★★★	Tres cajas de cerillos vacías Una caja de cerillos llena Una liga	El mago muestra tres cajas de cerillos, dos de ellas están vacías y una llena, y al momento de chasquear los dedos, todos los cerillos desaparecen.

SECRETO:

1. Para este truco debes usar un suéter o una playera de manga larga. Vas a colocar la caja de cerillos que está llena bajo tu manga y la ajustarás con una liga, para que no se vaya a caer. Coloca las otras tres cajas vacías sobre la mesa.

2. Comienza el truco diciéndole a tu espectador que tienes tres cajas de cerillos, dos vacías y una llena. Con la mano que no tiene la caja de cerillos escondida, vas a agitar las primeras dos cajas, para mostrar con el puro sonido que no tienen nada.

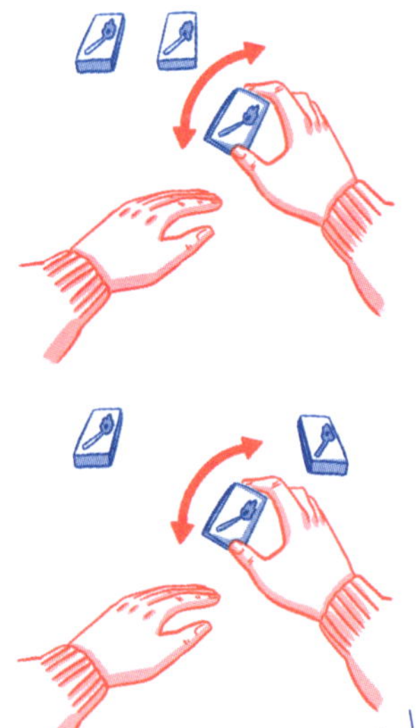

Con la otra mano (la que tiene la caja de cerillos escondida), toma la otra caja vacía y agítala para que se produzca el sonido de los cerillos en la caja. Parecerá que esa caja está llena.

Dile a tu espectador que siga con la mirada la caja llena y mezcla lentamente las tres cajas. Ahora pregúntale en dónde quedó la caja llena. Por supuesto, no importa a dónde apunte, las tres cajas están vacías.

Ahora simplemente abre las tres cajas. Para sorpresa de todos: ***¡los cerillos desaparecieron!***

PALOMARES,
¿me das un consejo?

Lo más importante en este truco es que no hagas movimientos bruscos, ya que se podrían escuchar los cerillos que tienes escondidos bajo tu manga. ¡Este es un gran truco de magia para hacer en video! Si te llegas a grabar, no olvides etiquetarme para verte en acción.

LOS CERILLOS QUE APARECEN

NIVEL DE DIFICULTAD	MATERIALES	EFECTO
★☆☆☆☆	Una caja de cerillos llena	Una caja de cerillos vacía, mágicamente, se llena de cerillos.

SECRETO:

1. Para preparar este truco, vas a acomodar un cerillo de manera horizontal, y el resto de forma vertical. Esto hará que los cerillos no se caigan al momento de voltear la caja. Después, tapa la caja de cerillos.

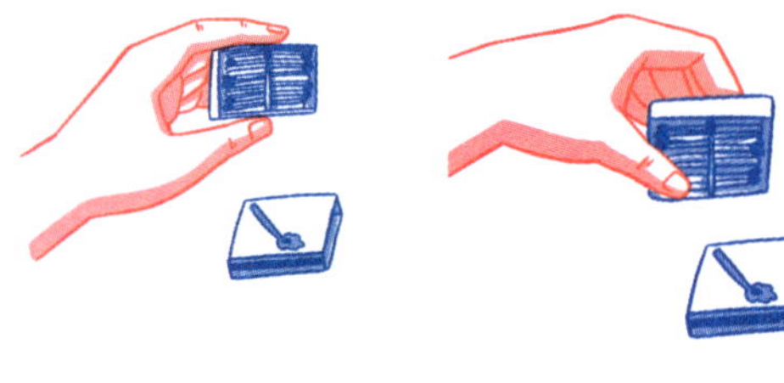

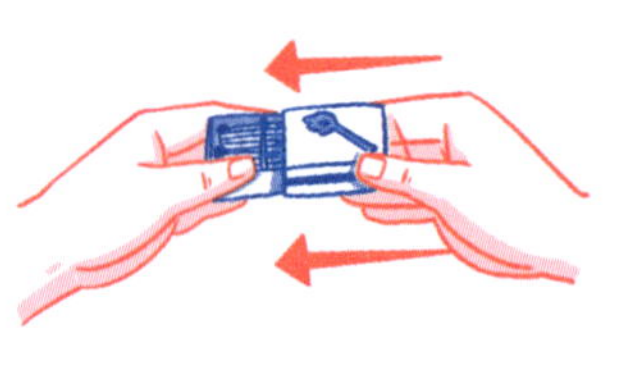

2. Comienza el truco diciéndole a tu espectador que tienes una caja de cerillos vacía. Abre la caja apuntando los cerillos hacia ti y voltéala boca abajo para mostrar que está vacía.

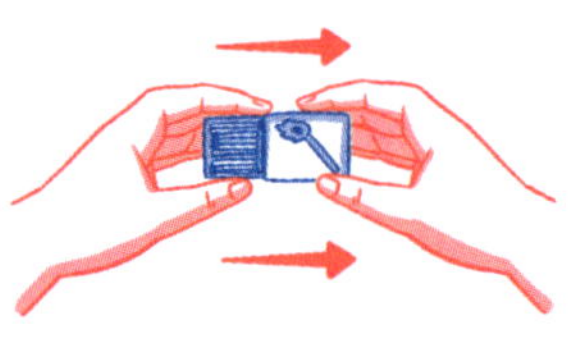

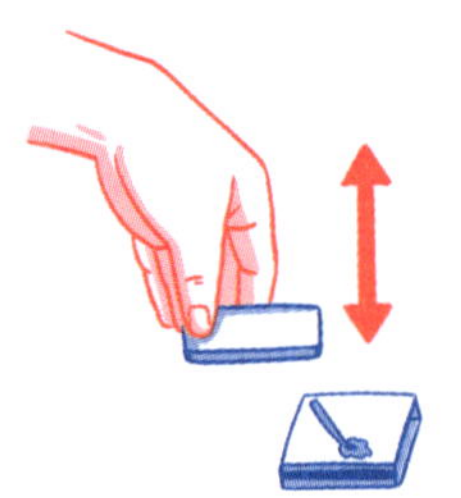

Vuelve a tapar la caja y chasquea los dedos. Mientras haces esto, aplasta la caja para que el cerillo que está en posición horizontal se desatore y se mueva a una posición vertical.

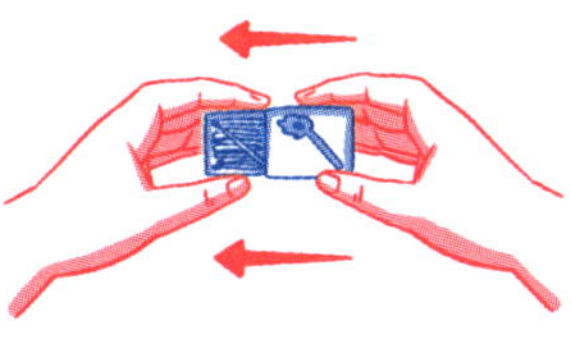

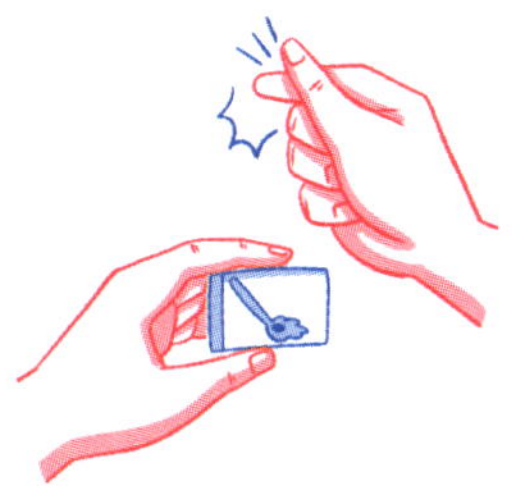

PALOMARES,
¿me das un consejo?

Es muy importante que no hagas mucho énfasis en que la caja está vacía. Con el puro movimiento de voltearla quedará claro.

Este truco es muy divertido de hacer, pero también es muy rápido, así que te recomiendo que después hagas un segundo truco con los cerillos, o alguno de los juegos mentales que has aprendido en este libro.

Abre la caja y tira todos los cerillos en la mesa; parecerá que aparecieron mágicamente.

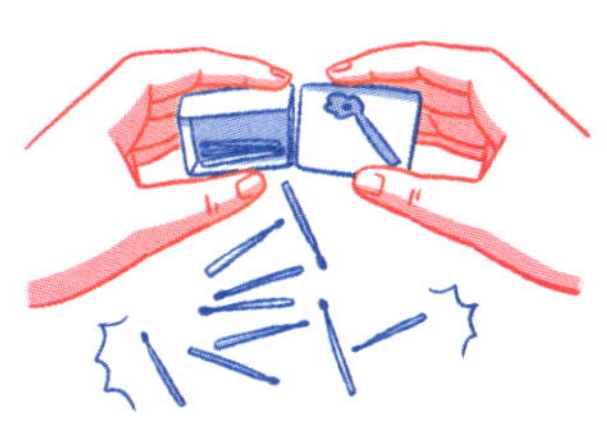

MAGIA CON OBJETOS COTIDIANOS

LA MONEDA QUE SE TELETRANSPORTA

NIVEL DE DIFICULTAD	MATERIALES	EFECTO
★ ★ ★ ★ ★	Dos monedas	Se colocan dos monedas en la mesa y se tapan con las manos. Después, como por arte de magia, una de las monedas se teletransporta de una mano a la otra.

SECRETO:

1. Primero coloca una moneda en cada mano. Después baja las manos y golpéalas contra la mesa. Levanta las manos y muestra las monedas.

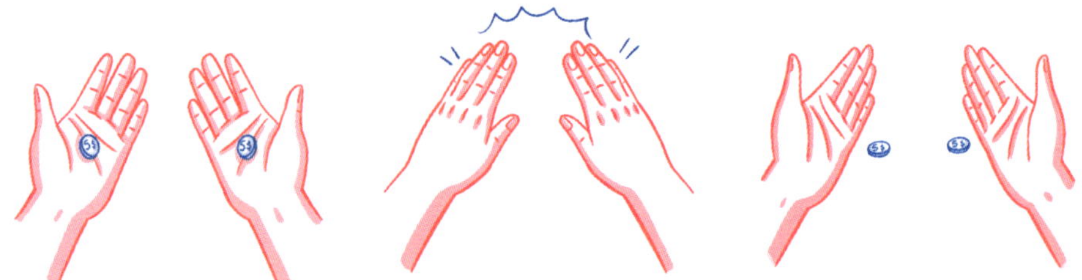

2. Ahora dile a tu espectador que sucederá algo mágico. Baja ambas manos y, al mismo tiempo, lanza una de las monedas a la otra mano. Al momento de bajarlas, asegúrate de tapar las monedas, para que no se vean.

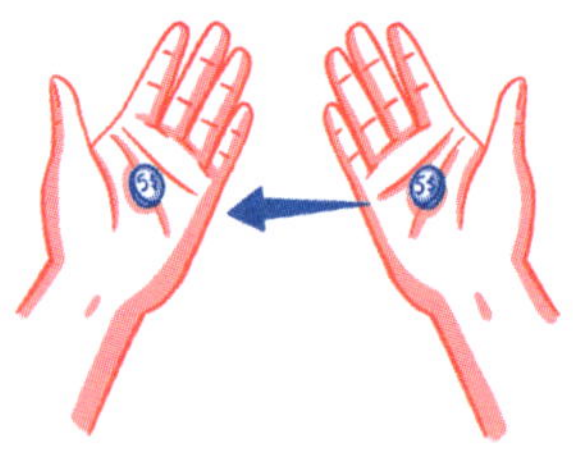

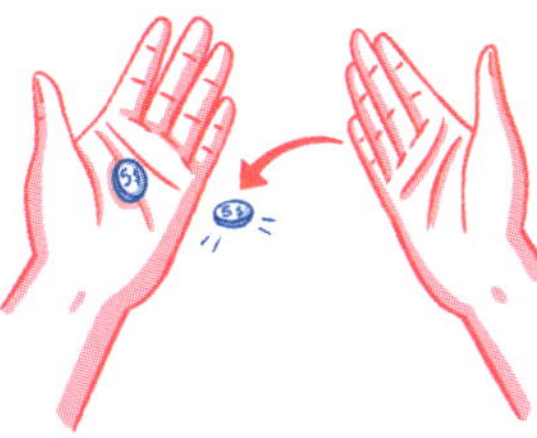

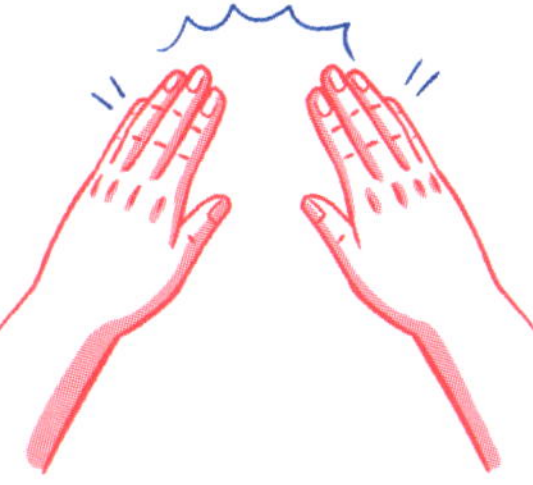

PALOMARES,
¿me das un consejo?

Este truco requiere mucha práctica: te recomiendo ensayar una y otra vez. Lanzar la moneda de una mano a la otra debe ser muy rápido, para que el espectador no se dé cuenta del secreto. Aquí es donde el dicho "la mano es más rápida que la vista" se hace realidad.

Dile a tu espectador que una de las monedas va a teletransportarse a la otra mano. Haz un gesto mágico y después levanta ambas manos.

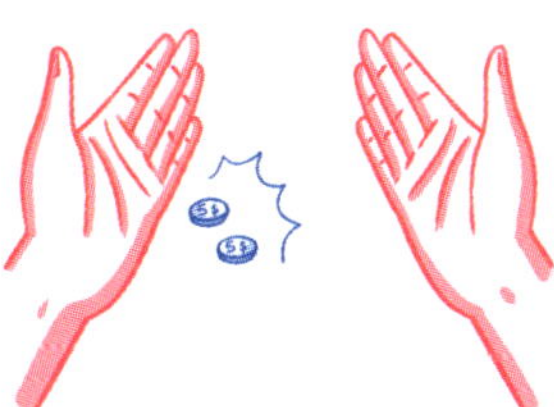

MAGIA CON OBJETOS COTIDIANOS

LA LIGA SALTARINA

NIVEL DE DIFICULTAD	MATERIALES	EFECTO
★☆☆☆☆	Una liga	Una liga es enrollada en los dedos índice y medio del mago, pero, de manera mágica, salta a los dedos anular y meñique.

SECRETO:

1

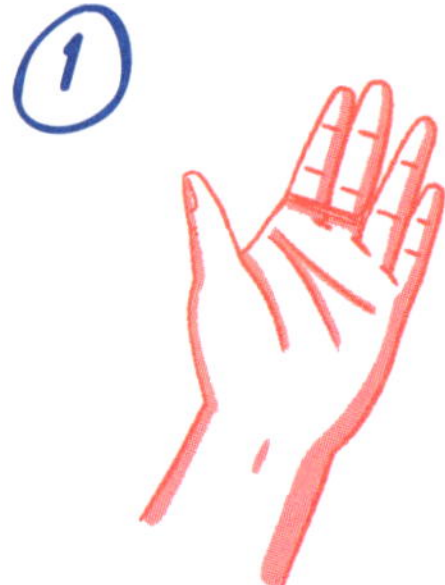

Enrolla una liga en tus dedos índice y medio, tal como se ve en el dibujo. Te recomiendo enrollarla cuantas veces sea necesario, para que quede un poco apretada.

2

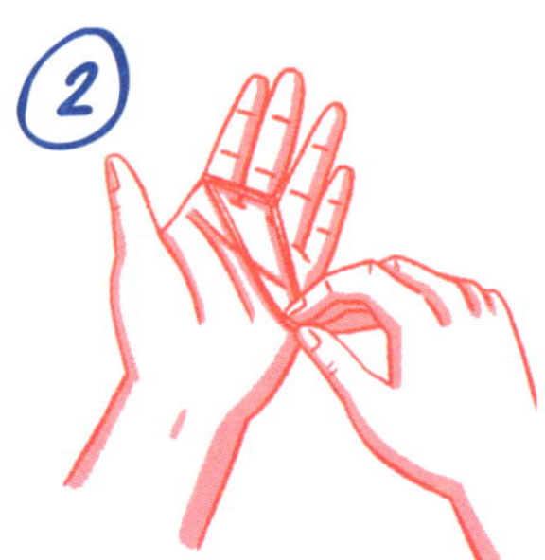

Levanta tu mano, para que la palma quede frente a ti, y estira la liga hacia abajo.

3

Cierra la mano y mete tus dedos anular y meñique entre la liga, tal como se ve en la ilustración; después, suéltala.

PALOMARES,
¿me das un consejo?

Este es uno de los trucos más sencillos del libro, así que, si hay algo que pueda recomendarte, es que sea uno de los primeros que compartas con tus amigos y familiares.

Ahora simplemente abre la mano y la liga saltará a tus dedos anular y meñique. **¡Magia!**

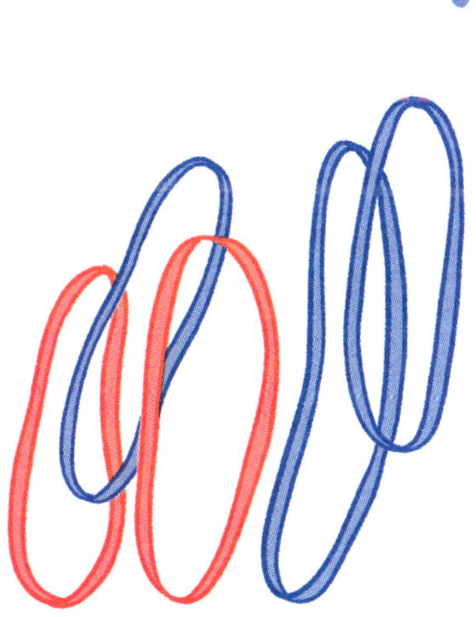

MAGIA CON OBJETOS COTIDIANOS

LA LIGA EN LA NARIZ

NIVEL DE DIFICULTAD	MATERIALES	EFECTO
★ ☆ ☆ ☆ ☆	Ligas (mínimo cinco, pero pueden ser más)	Una liga es inhalada por la nariz del mago.

SECRETO:

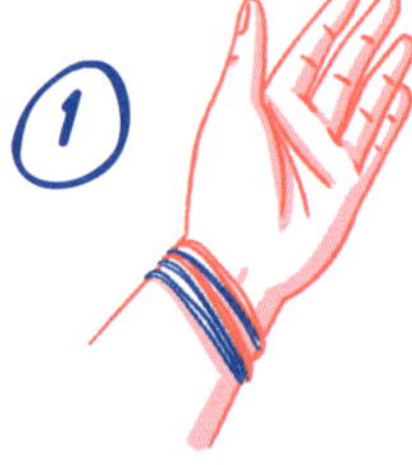

Para preparar este truco, debes tener varias ligas en tu muñeca.

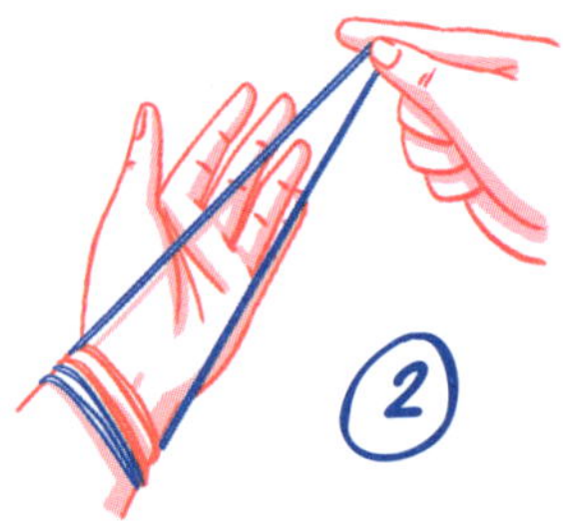

Con tu otra mano, toma una de las ligas y estírala.

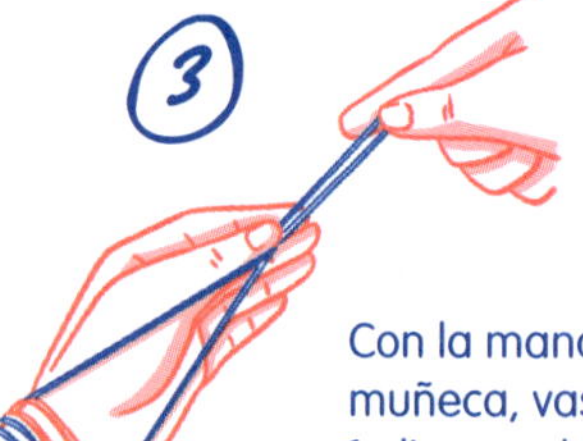

Con la mano que lleva las ligas en la muñeca, vas a detener con tus dedos índice y pulgar la liga que estás estirando.

PALOMARES,
¿me das un consejo?

Lo padre de hacer magia con ligas es que, si pones algunas en tu muñeca, ya estás listo para hacer magia. Este truco es muy rápido, así que te recomiendo juntarlo con otro y crear tu propia rutina. Además, el que hagas más trucos con ligas justificará que lleves tantas en tu muñeca.

Muéstrale la liga a tu espectador, después acércala a tu nariz y suspira como si la estuvieras inhalando, al tiempo que mueves la cabeza hacia arriba. Finalmente, solo suelta la liga y esta regresará a tu muñeca, pero parecerá que la inhalaste. ***¡Disfruta las reacciones!***

MAGIA CON OBJETOS COTIDIANOS

LA LIGA QUE SE RESTAURA

NIVEL DE DIFICULTAD	MATERIALES	EFECTO
★☆☆☆☆	Una liga	Una liga se rompe y después se restaura de manera mágica.

SECRETO:

1

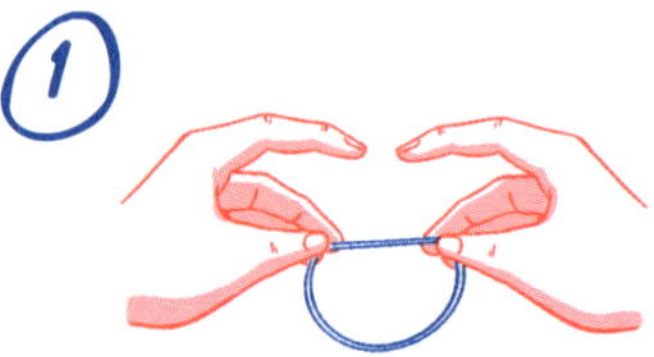

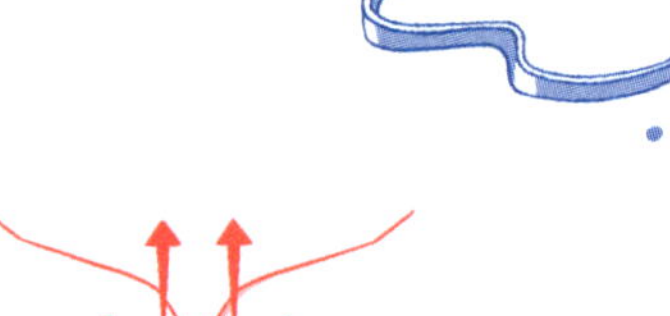

Toma la liga con tus dos manos, utilizando tus dedos pulgar y medio; deja un pequeño espacio entre tus dedos, tal como se muestra en el dibujo.

2

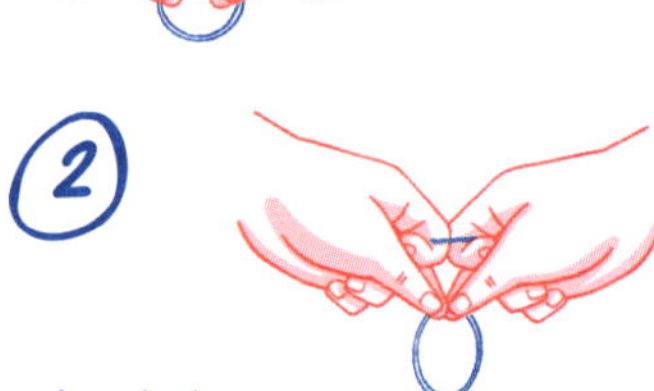

Con tus dos dedos índice pegados, jala la liga hacia arriba en el espacio que dejaste, y después pega tus pulgares y dedos medio. Es muy importante que tus dedos índice siempre estén pegados y no los separes durante todo el truco. La idea es que hagas estos movimientos enfrente de tu espectador de manera rápida, procurando que no se dé cuenta.

3

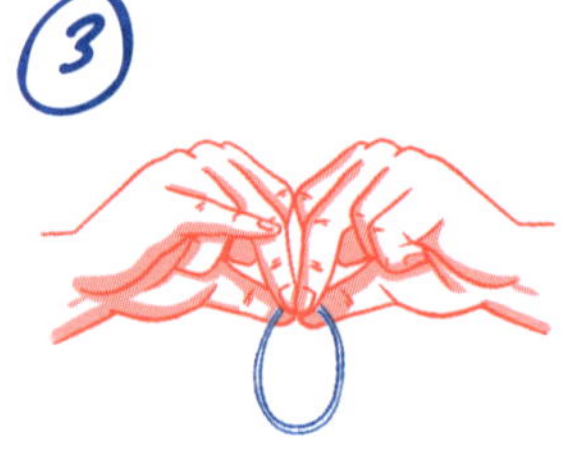

Dile a tu espectador que romperás la liga y haz un ademán como si estuvieras esforzándote. Ahora simplemente separa tus dedos pulgares y medio de ambas manos, pero mantén tus dedos índice pegados. Esto creará la ilusión de que la liga se rompió.

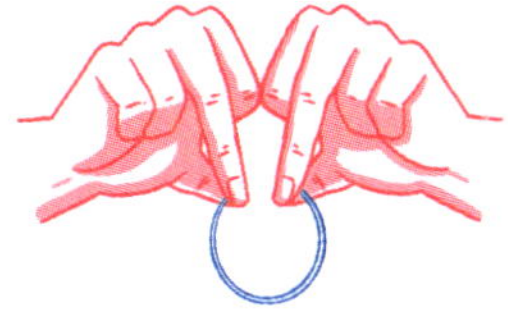

Para terminar, y de manera rápida, junta tus pulgares y dedos medio y deja caer la liga de tus dedos índice. Tu espectador verá cómo la liga se restauró. Entrégasela; para su sorpresa, no habrá nada que descubrir.

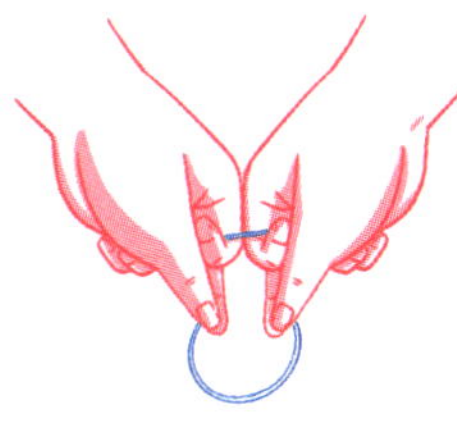

PALOMARES,
¿me das un consejo?

Los primeros dos pasos de este truco suceden en menos de un segundo. Debes hacerlos rápido, enfrente de tu espectador, mientras platicas con él. Para lograrlo, debes practicar mucho.

Una vez que tengas perfeccionada esa parte, lo segundo que te recomiendo es que exageres el ademán de romper la liga. Es importante que el espectador piense que realmente la rompiste.

Si puedes hacer un pequeño ruido con tu uña, ayudará mucho.

MAGIA CON OBJETOS COTIDIANOS

EL BILLETE QUE SE RESTAURA

NIVEL DE DIFICULTAD	MATERIALES	EFECTO
★ ★ ★ ★ ★	Un billete	Un billete es roto con un dedo y después, mágicamente, se restaura.

SECRETO:

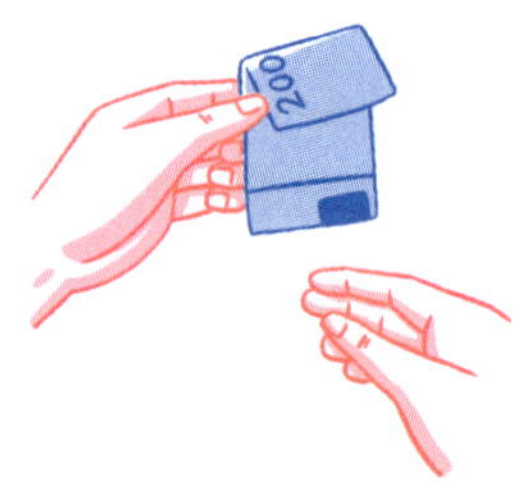

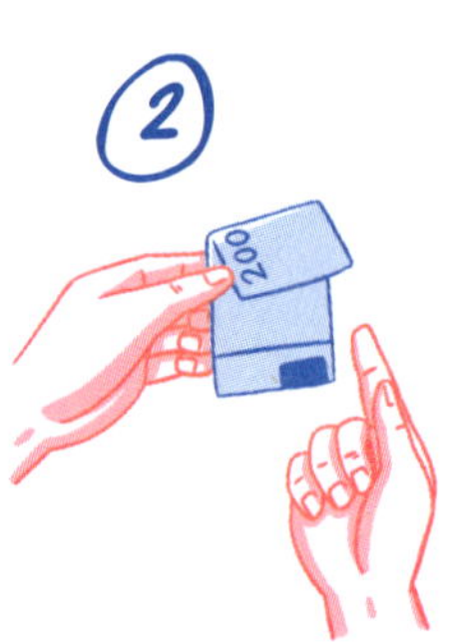

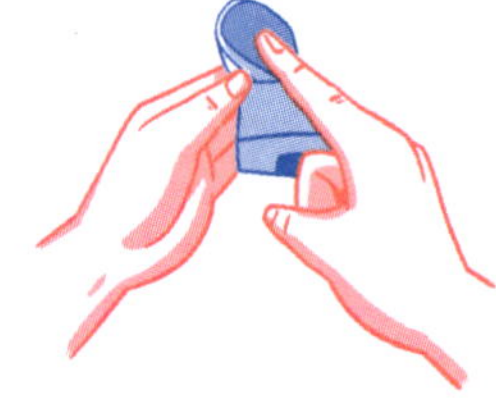

Toma un billete (puede ser prestado). Colócalo en posición vertical y dóblalo en un tercio; después, dóblalo hacia un lado, para que una orilla sobresalga del billete, tal como se ve en el dibujo.

Muestra tu dedo índice y mételo entre el doblez del billete; deja un pequeño espacio para que no esté topando con la parte de arriba del doblez.

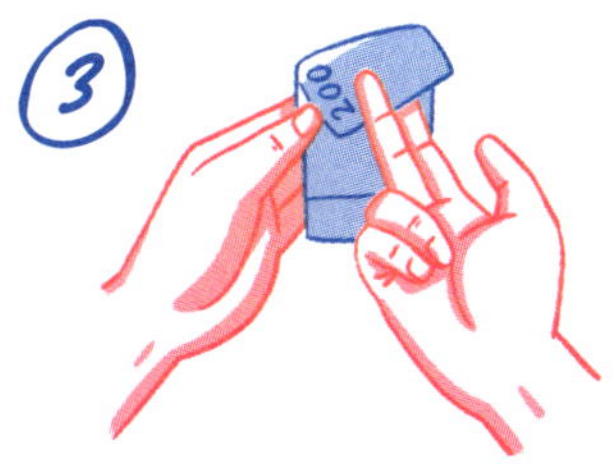

De manera secreta, levanta tu dedo medio y acomódalo justo atrás de tu índice, entre el billete y tu dedo.

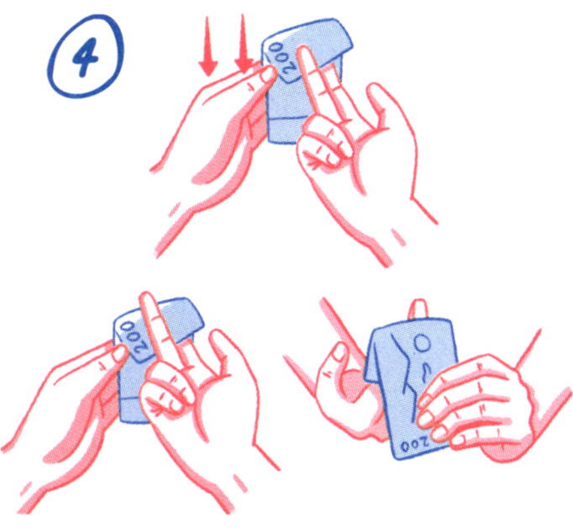

Ahora jala el billete hacia abajo y simula que lo rompiste. Tu dedo medio quedará detrás del billete, y el índice, escondido en medio del doblez. Si miras el billete de frente, se verá la ilusión de que el índice está atravesándolo.

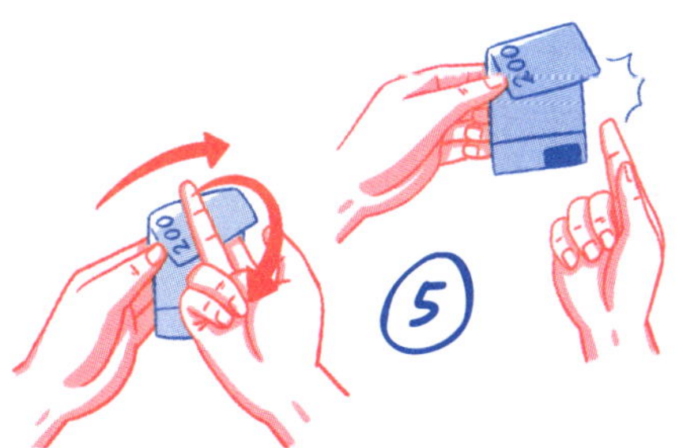

Deja tus dedos así por un par de segundos, y después mueve tu mano rápidamente hacia un lado, levanta el dedo índice y baja el medio. Esto creará la ilusión de que lo rompiste. Finalmente, sóplale al billete y muestra que está intacto.

PALOMARES,
¿me das un consejo?

Este es uno de mis trucos favoritos para hacer en redes sociales. ¡**ES DEMASIADO VISUAL Y LUCE INCREÍBLE**!

Te recomiendo que, si vas a hacer este truco en persona, cuides mucho tus ángulos, pues el truco puede verse si tienes gente a tus lados.

Recuerda que cualquier truco que hagas con algo que le pertenece al espectador es mucho más sorprendente, así que aprovecha que no requieres ninguna preparación previa y pide prestado un billete.

Por último, cerciórate de que el billete que utilices sea de papel y no uno plastificado. Esto hará la ilusión mucho más real.

MAGIA CON OBJETOS COTIDIANOS

EL OBJETO DEL CELULAR

NIVEL DE DIFICULTAD	MATERIALES	EFECTO
★★★★★	Un celular Un dulce pequeño	Un dulce que está en una foto en el celular del mago se sale, mágicamente, de la pantalla.

SECRETO:

1

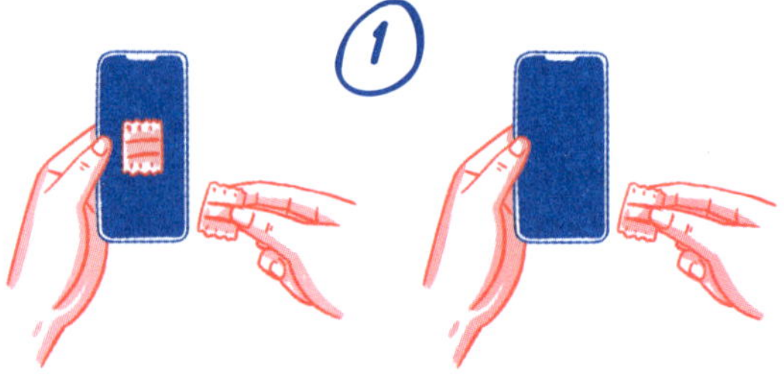

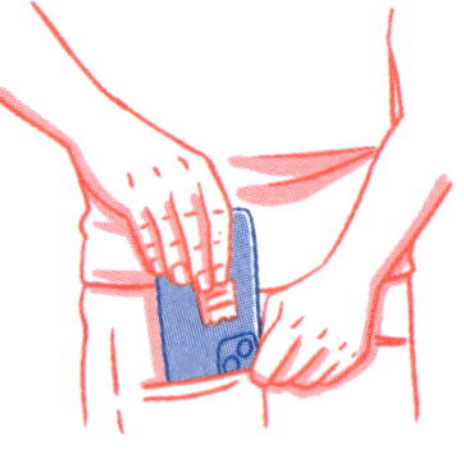

2

Para preparar este truco, tómale una foto al dulce. Después quita el dulce y toma una foto lo más parecida que puedas a la anterior. Así, en el álbum de fotos de tu celular tendrás una foto del dulce en fondo negro y una (la siguiente imagen) solo del fondo negro. Pon tu celular en tu bolsillo y acomoda el dulce detrás de él. Con esto estarás listo para comenzar el truco.

Pregúntale a tu espectador si se le antoja un dulce. Saca tu celular, con el dulce escondido detrás de él.

3

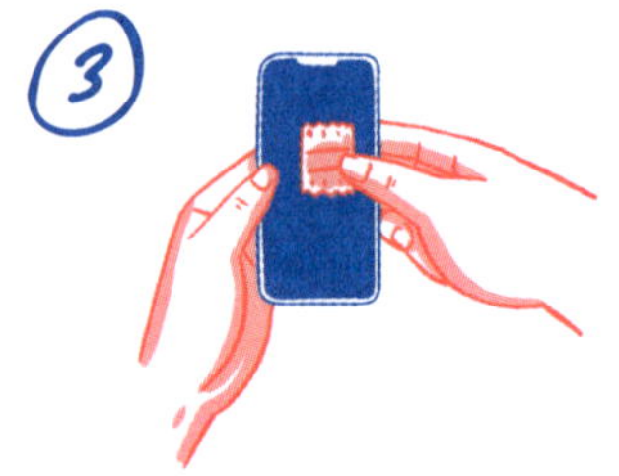

Muéstrale la foto que tomaste del dulce, pero procura no mostrar la parte trasera de tu celular.

Lo siguiente que harás son dos movimientos al mismo tiempo. Primero, con tu dedo pulgar vas a cambiar la foto, y con tus demás dedos jalarás el dulce fuera de tu celular. Esto creará la ilusión de que el dulce salió de tu pantalla. Ofrécele el dulce a tu espectador y disfruta su reacción.

PALOMARES,
¿me das un consejo?

Este truco funciona con casi cualquier marca de celular, pero por la manera en la que cambian las imágenes en iPhone, considero que con esa marca funciona mejor. Prueba con tu celular y, dependiendo de cómo se vea, decide si este es un truco que sirva para tu rutina o no.

Si utilizas iPhone, te recomiendo que, al tomar la foto, selecciones tu objeto y dejes tu dedo en la pantalla, para activar el **"AE/AF LOCK"**. Ahora solo arrastra el dedo hacia abajo.

Esto te permitirá oscurecer el fondo de tus fotos y así crear una ilusión más convincente al momento de que salga el objeto. Prueba con estos ajustes y, cuando estés listo, sorprende a tus familiares y amigos.

Otra recomendación es que cuides el detalle al tomar la foto, para que el objeto parezca del mismo tamaño al momento de sacarlo.

MENTALISMO

¿QUÉ ES EL MENTALISMO?

Imagina poder leer los pensamientos de una persona, predecir el futuro y mostrar habilidades mentales con las que parecerás un genio. Bueno, pues...

¡BIENVENIDO AL MUNDO DEL MENTALISMO!

Esta es una de las secciones que más me emociona de este libro. El mentalismo es una de las ramas más interesantes de la magia; te prometo que, si practicas mucho, generarás una de las mejores reacciones en la gente.

¿En qué consiste?
Básicamente en crear la ilusión de que tienes un sexto sentido; es decir, que posees la capacidad de leer mentes, predecir cosas y mostrar habilidades mentales increíbles. Pero como todo en la magia, hay secretos para hacer esto realidad, y en esta sección los aprenderás.

¡ASÍ QUE PREPÁRATE PARA LEER LOS PENSAMIENTOS DE LA GENTE Y VOLARLES LA CABEZA A TUS FAMILIARES Y AMIGOS!

CONCEPTOS BÁSICOS DEL MENTALISMO

Existen varios conceptos en el mentalismo; en este libro nos enfocaremos en los dos más importantes. Con estos principios, podrás hacer cientos de rutinas increíbles. Las posibilidades son infinitas, si pones a trabajar tu imaginación.

¿Y cuáles son estos dos conceptos?:

Forzajes

Obtener información de manera secreta

¿En qué consiste el forzaje? Básicamente en lograr que tu espectador elija algo que tú quieras, sin que se dé cuenta. En este libro aprenderás varias técnicas para forzar cartas, números e incluso fotos en tu celular.

¿Y cómo puedes obtener información secreta? Existen cientos de formas para lograrlo. Aquí conocerás las que considero más efectivas y sencillas de aprender.

Ahora sí, con esto en mente, estamos listos para comenzar. Tráete un mazo de cartas y aprendamos juntos dos formas de forzar una carta.

MENTALISMO

DOS FORZAJES CON CARTAS

NIVEL DE DIFICULTAD	MATERIALES
★☆☆☆☆	Un mazo de cartas

EL FORZAJE DE LA CRUZ

SECRETO:

1

Para preparar este forzaje, coloca hasta arriba del mazo la carta que quieres forzar. En este caso forzaremos el as de diamantes.

2

Muéstrale a tu espectador que todas las cartas están mezcladas y son diferentes. No hagas mucho énfasis en esto, hazlo de manera casual.

3

Ahora pon las cartas sobre la mesa y pídele que corte el mazo en donde quiera.

A continuación, pon la otra mitad encima de su corte, en forma de cruz. Esto con la excusa de que marcarás en dónde cortó.

Ahora platica con tu espectador, para quitarle la atención del mazo. Lo que yo hago es decirle: "Pudiste haber cortado en cualquier lugar del mazo, pero tú decidiste cortar justo en esa carta", mientras lo miro a los ojos. Con ese comentario, tu espectador perderá noción sobre cuál carta fue la que cortó y cuál estaba arriba desde el inicio.

Ahora simplemente levanta el bonche de cartas que cortó y muéstrale la de hasta arriba. ***¡Será tu carta forzada!***

MENTALISMO

EL FORZAJE DEL 9

NIVEL DE DIFICULTAD	MATERIALES
★☆☆☆☆	Un mazo de cartas

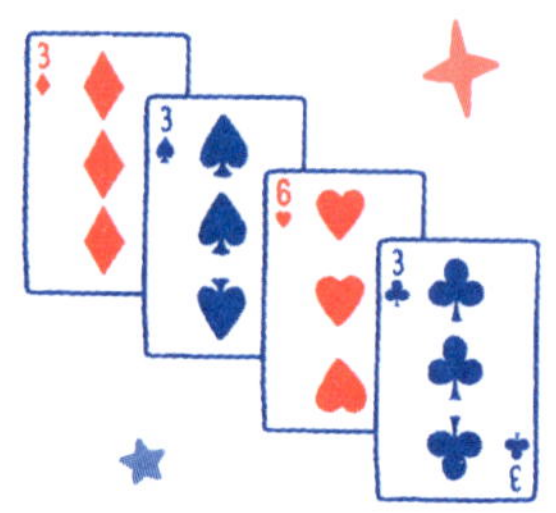

EL FORZAJE DEL 9

SECRETO:

1

Este forzaje es matemático. Coloca la carta que quieres forzar en la posición número nueve, de arriba hacia abajo del mazo. Nuevamente usaremos de ejemplo el as de diamantes.

¡Estamos listos! Pídele a tu espectador que diga un número entre el diez y el veinte. Ahora cuenta ese número de cartas de arriba abajo en el mazo, y colócalas una por una sobre la mesa. En este ejemplo pondremos doce cartas.

3

Toma las cartas que pusiste sobre la mesa y regrésalas hasta arriba del mazo.

4

Pídele a tu espectador que sume los dos dígitos de su número (en este caso: 1+2=3). Pon sobre la mesa ese número de cartas.

5

Y la siguiente será la que forzaste. ***¡Abracadabra!***

MENTALISMO

TRES FORMAS DE REVELAR UNA CARTA FORZADA

NIVEL DE DIFICULTAD	MATERIALES
★☆☆☆☆	Un mazo de cartas

TE LEO LA MENTE

SECRETO:

1. Una vez que forzaste una carta, ¡tienes el poder de hacer casi lo que quieras! Lo primero que aprenderemos es a crear la ilusión de que estás leyéndole la mente a tu espectador.

2. Primero míralo fijamente a los ojos y pídele que piense en el color de su carta. En este caso, le dirás que su carta es roja. Después adivina el palo (diamantes) y finalmente el número o letra (as). Esta forma de revelar la carta depende de la presentación. Lo más importante es que tú te la creas para que tu espectador sienta que realmente estás leyendo sus pensamientos.

LA PREDICCIÓN

NIVEL DE DIFICULTAD	MATERIALES
★☆☆☆☆	Un mazo de cartas Papel Marcador Un sobre

SECRETO:

Mediante el forzaje, también puedes "predecir el futuro". Escribe en un papel la carta que forzarás y colócalo dentro de un sobre.

Entrégale el sobre a tu espectador y dile que adentro hay una predicción de lo que va a suceder con las cartas.

Ahora haz tu forzaje y, cuando lo termines, dile a tu espectador que vea la predicción en el sobre. ***¡Su cabeza explotará!***

MENTALISMO

LA HORA DEL CAFÉ

NIVEL DE DIFICULTAD	MATERIALES
	Un mazo de cartas Lápiz labial para la resequedad Café molido

SECRETO:

1

De las tres ideas que te doy aquí para revelar una carta forzada, sin duda esta es mi favorita. Prepárate para aprender uno de los mejores secretos del mentalismo. Necesitarás un lápiz labial para la resequedad (casi cualquiera funciona). Escribe en tu brazo la carta que vas a forzar.

2 Ahora, realiza tu forzaje.

3

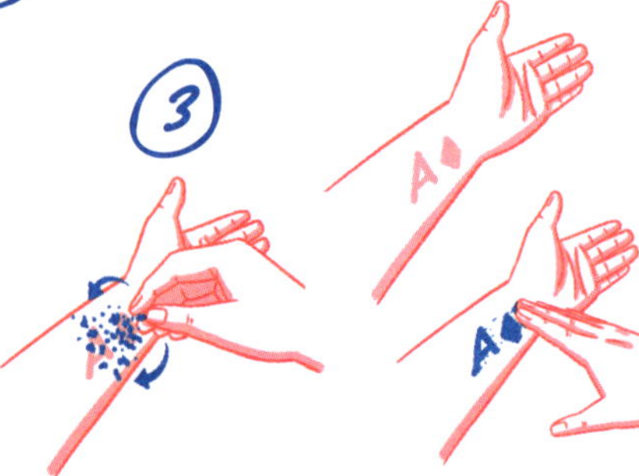

Para concluir, dile a tu espectador que se concentre en su carta. Mientras hace eso, coloca café molido en el brazo donde anotaste con el lápiz labial. Frota el café en tu brazo y, lentamente, se formará lo que escribiste.

No te miento, ¡me ha tocado gente que sale corriendo al ver este truco! También es uno de mis trucos más virales en internet. ¡Aquí te comparto el video!

Y sí, realicé un forzaje para llegar a ese número.

EL CÓMPLICE

NIVEL DE DIFICULTAD	MATERIALES	EFECTO
★☆☆☆☆	Un compañero cómplice Cinco objetos diferentes	El mago coloca cinco objetos sobre la mesa y sale del cuarto. La audiencia señalará uno de los objetos y, al volver, el mago sabrá perfectamente cuál fue el elegido.

SECRETO:

En este truco, obtendremos información de manera secreta. Para esto necesitarás un cómplice, con el que, antes de comenzar el truco, planearás la forma de comunicarse de manera secreta. Para esto utilizaremos el celular de tu cómplice.

Vas a colocar el celular sobre la mesa, boca abajo. Tu cómplice pondrá su mano encima del celular.

Ahora acomodarás en la mesa los cinco objetos, como si fueran los cinco puntos de un dado, tal como se ve en el dibujo.

EL CÓMPLICE

Dile a tu audiencia que saldrás del cuarto (o simplemente te voltearás y cerrarás los ojos) y que, mientras haces esto, señalen uno de los cinco objetos; por ejemplo: la pelota.

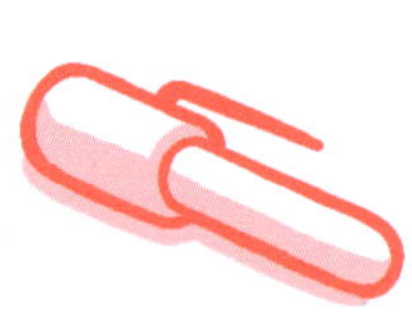

Una vez que lo hagan, regresa a la mesa. Tu cómplice usará su celular para comunicarte de manera secreta el objeto. Para lograrlo, imaginen que el celular es la mesa y que su dedo índice te indicará la posición del objeto elegido. En este caso, la pelota está en medio, por lo tanto pondría su dedo tal como se ve en el dibujo.

Ahora, lo único que tienes que hacer es mirar de manera discreta la mano de tu cómplice, y después de eso, todo será pura presentación. Puedes poner la mano encima de los objetos, como si estuvieras sintiendo su energía, y después revelas el objeto seleccionado. ***¡Abracadabra!***

PALOMARES,
¿me das un consejo?

Tal vez recuerdes que una de las reglas de la magia es no hacer el mismo truco dos veces.

Y esto hace sentido, pero toda regla tiene su excepción. Aquí la romperemos porque, entre más veces hagas este truco, más probarás que no fue suerte y, por lo tanto, será más imposible para tu audiencia.

Mi recomendación es que lo hagas como máximo tres veces, y de ahí pases a un truco diferente.

¡Y MUY IMPORTANTE!
Dile a tu cómplice que actúe igual de sorprendido que los demás, él debe portarse como un espectador más.

MENTALISMO

UNO POR DELANTE

NIVEL DE DIFICULTAD	MATERIALES	EFECTO
★ ★ ★ ★ ★	Un mazo de cartas Tres pedazos de papel Una pluma	El mago logra predecir tres datos diferentes elegidos por un espectador.

SECRETO:

1

Esta rutina de mentalismo ha sido realizada por magos profesionales, en shows en todas partes del mundo, incluso en televisión. Vas a aprender uno de los mejores actos de este libro. Aquí combinaremos un forzaje y obtener la información de manera secreta. Para preparar el truco, solo debes tener lista una carta para forzar en tu mazo de cartas.
En este caso forzaremos el tres de corazones.

2

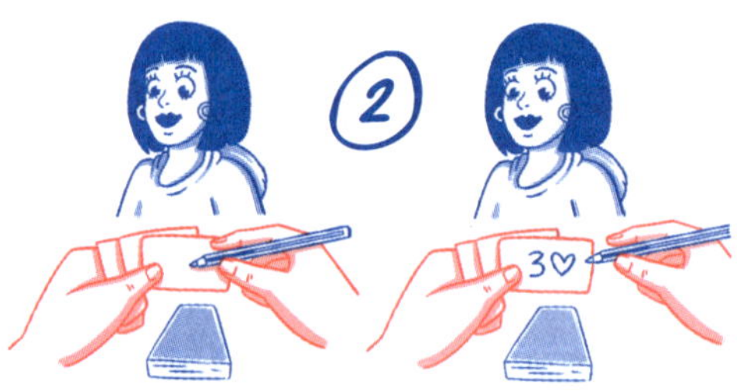

Comienza pidiéndole a tu espectador que piense en un país. Mientras hace eso, dile que vas a escribir en uno de los papeles el nombre de un país, pero lo que realmente harás es escribir la carta que forzarás (en este ejemplo, el tres de corazones).

3

Pon el papel sobre la mesa (boca abajo, para que no se vea lo que escribiste) y pídele que diga en voz alta el país en que pensó. Supongamos que menciona "Brasil". Cuando lo diga, contéstale: "Hmmm, interesante…", de manera misteriosa.

4

Ahora pídele que piense en un número entre el uno y el cien. Mientras lo hace, dile que escribirás el número en que tú estás pensando, pero en realidad anotarás la respuesta a la pregunta anterior. En este caso, Brasil.

Pon ese papel encima del anterior y solicítale que diga en voz alta su número. Supongamos que responde "catorce". Vuelve a reaccionar de manera misteriosa y dile: "Increíble respuesta".

Sostén tu último papel en la mano y dile que ahora escribirás tu carta de la suerte, pero en realidad anotarás el número que eligió anteriormente (catorce, en este caso). Pon ese papel encima del papel anterior. Ahora dile a tu espectador que elija una carta. Realiza uno de los dos forzajes que aprendimos y dile que muestre su carta. Vuelve a reaccionar y dile: "No lo puedo creer".

PALOMARES,
¿me das un consejo?

Este es uno de los mejores trucos del libro y me emociona muchísimo poder compartirlo contigo.

Si hay algo que quisiera recomendarte es que personalices tu rutina. **¡PUEDES ADIVINAR LO QUE QUIERAS!**: una figura, un objeto o incluso el nombre de un ser querido. Entre más personal sea lo que le adivines a tu espectador, más se sorprenderá.

¡MUY IMPORTANTE!
No uses un plumón que se vea a través del papel. El espectador nunca debe saber lo que estás escribiendo.

Toma los papeles de la mesa y mézclalos de manera casual. Mientras haces esto, dile a tu espectador: "Pudiste haber elegido cualquier país, pero tú escogiste Brasil. Quiero que veas qué fue lo que escribí", y voltea el papel donde anotaste Brasil.

Continúa tu monólogo: "Después te pedí que eligieras un número y tú dijiste catorce. Mira lo que yo escribí", y voltea el papel que dice catorce. Y remata: "Elegiste una carta completamente aleatoria, fue el tres de corazones. Mira lo que escribí", y voltea el papel del tres de corazones. ¡Una coincidencia perfecta!

MENTALISMO

EL CÁLCULO IMPOSIBLE

NIVEL DE DIFICULTAD	MATERIALES	EFECTO
★☆☆☆☆	Un papel Una pluma Una calculadora	El mago logra predecir un cálculo matemático completamente aleatorio del espectador.

SECRETO:

1

¡Prepárate para aprender uno de mis trucos numéricos favoritos! Lo primero que vas a hacer es escribir en un papel el número 1089, asegurándote de que nadie lo vea. Ahora explícale a tu espectador que es una predicción de lo que sucederá más adelante.

2

Puedes hacer todos los pasos a mano o en una calculadora. Aquí los haremos a mano, para mostrarte el procedimiento. Pide a tu espectador que piense un número de tres dígitos, pero para asegurar que no sea algo muy obvio, que los tres números sean diferentes. Supongamos que elige 123.

3

Después, dile que invierta el número y que reste el más grande al más chico. En este caso, el número invertido sería 321, por lo que la resta sería 321 - 123 = 198.

Ahora, con la excusa de hacer esto aún más aleatorio, dile que invierta el número y lo sume al resultado anterior. En este caso sería 198 + 981 = 1089.

Y sí, el secreto de este truco es que **¡siempre saldrá 1089!** ¿Cómo? La verdad es que no estoy seguro, pero lo importante es que siempre funciona, ***¡y con este secreto puedes "predecir" el futuro!*** Inténtalo con cuantos números quieras, siempre va a funcionar. Para finalizar, dile a tu espectador que vea tu predicción y disfruta su reacción.

PALOMARES,
¿me das un consejo?

Si hay algo que debo recordarte es que **JAMÁS** repitas este truco. Si lo haces, la gente se dará cuenta de que el resultado siempre es el mismo. En lo que debes enfocarte es en cómo presentas el truco. Haz énfasis en la predicción y así desviarás la atención de que es un truco matemático. Preséntalo como si cada paso fuera para hacer el número más aleatorio.

Y no te preocupes, el número siempre será 1089, así que confía en el proceso y disfruta volarles la cabeza a tus familiares y amigos.

MENTALISMO

MEMORIA INCREÍBLE

NIVEL DE DIFICULTAD	MATERIALES	EFECTO
★★★★★	Mazo de cartas, con su caja Tijeras	El mago logra memorizar el orden de las cartas en cuestión de segundos.

SECRETO:

1

Antes de realizar este truco ante tu público, corta un pequeño rectángulo en la orilla inferior derecha de la caja de las cartas. Asegúrate de que puedas ver el número y el palo cuando estén adentro.

2

Pídele a tu espectador que mezcle las cartas y dile que intentarás memorizar el orden de estas en menos de diez segundos. Mira las cartas y haz como si estuvieras memorizándolas.

3

A continuación, mete el mazo en la caja, deja la tapa abierta y toma la caja con tu mano izquierda.

PALOMARES,
¿me das un consejo?

Jamás le des importancia a la caja. Simplemente dile a tu espectador que meterás las cartas en la caja, para no ver sin querer cuál es la siguiente carta.

Otra forma de presentar este truco es diciendo que puedes sentir cuál será la siguiente carta. El método es el mismo, simplemente cambiarías tu presentación.

4

¡El resto es solo actuación! Di la carta que estás viendo en el orificio que cortaste y sácala de la caja, para mostrar que es la correcta. Por cada carta que saques, solo actúa como si trataras de recordar la que sigue. Tu espectador se sorprenderá ante tus poderes de memorización.

MENTALISMO

ADIVINO TU FOTO DE INSTAGRAM

NIVEL DE DIFICULTAD	MATERIALES	EFECTO
★★★★★	Un celular	El espectador elige de manera aleatoria una foto de Instagram y el mago logra adivinarla.

SECRETO:

Pídele a tu espectador que abra una cuenta de Instagram en su teléfono. Puede ser la tuya, la suya o una aleatoria, solo asegúrate de que tenga suficientes publicaciones, para que puedas moverte a través de ellas.

2

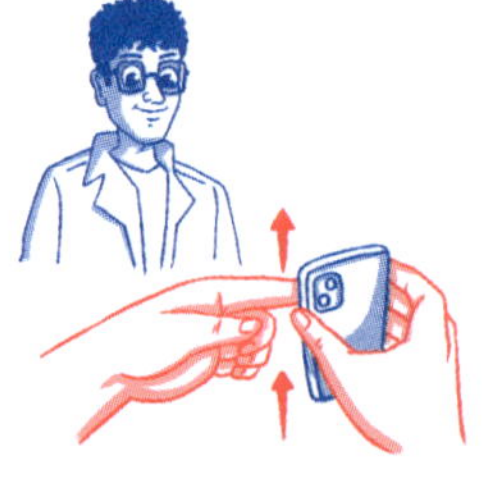

Con la pantalla del celular apuntando hacia tu espectador, muestra con tu dedo que las fotos y videos cambian si mueves tu dedo hacia arriba y abajo.

3

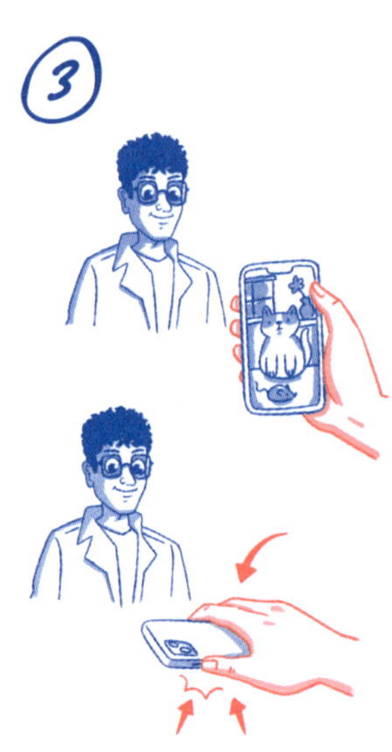

Gira el celular hacia ti y memoriza la foto o video que quedó en la pantalla; de manera secreta, bloquea el celular.

4

Coloca el teléfono con la pantalla apuntando al piso y asegúrate de que nadie pueda ver que está bloqueado. Pide ahora a tu espectador que ponga su dedo índice en la pantalla y lo mueva hacia arriba y hacia abajo y que se detenga cuando quiera, para elegir una publicación al azar. Lo que realmente sucederá es que estará moviendo su dedo sobre una pantalla bloqueada (aunque no lo sabe). Finalmente, pídele que bloquee el celular, para guardar su elección.

5

Para terminar,
pídele que desbloquee el celular y que memorice la foto o algún detalle del video en el que se detuvo.

6

¡Ahora todo es presentación!
Descríbele a tu espectador características de la foto o del video y se sorprenderá al ver que lograste adivinar tantos detalles.

PALOMARES,
¿me das un consejo?

Este acto se basa mucho en la actuación. Al momento en que estés "adivinando" la foto, asegúrate de ver a tu espectador a los ojos y haz como si estuvieras leyéndole la mente. No describas toda la foto de manera rápida. Comienza con algunas características, como los colores, objetos y personas que aparezcan en ella, y cierra con el detalle que más resalta.

Es muy importante que conozcas bien el celular y sepas cómo bloquearlo. En caso de que no entiendas cómo usarlo, mejor utiliza el tuyo.

¡Y una última idea! Puedes hacer este mismo truco con los contactos del celular del espectador y adivinar el nombre. Esto puede ser más íntimo y generará una reacción mucho más fuerte.

BONUS

¿PREGUNTAS Y RESPUESTAS?

¿Qué hago si me sale mal un juego de magia?

¡No te preocupes! El elemento más importante en la magia es la sorpresa, por lo tanto, nadie sabe cuál es el final del truco... excepto tú. Si algo no sale como esperabas, actúa como si todo estuviera bajo control: improvisa, sonríe y comienza con algún juego de magia nuevo. A veces, los mejores momentos mágicos nacen de los errores.

¿Cómo presento mi magia?

Cada mago tiene su propio estilo, ¡y tú también lo encontrarás! Mira a magos como David Blaine, David Copperfield, ¡o incluso a mí!, y notarás que cada quien tiene su esencia. Inspírate en lo que te gusta, practica mucho y añade un toque único que te represente. Algo importante a considerar es cómo reaccionas a tu propia magia. Puedes actuar sorprendido, como si no entendieras lo que acaba de suceder, o demostrar confianza y habilidad al lograr lo imposible. Sea cual sea tu estilo, recuerda que la magia es para asombrar y emocionar a quienes te ven. Con el tiempo, tu estilo y carisma brillarán tanto como tu magia.

¿Cómo puedo crear mis propias rutinas?

Cuando ya domines varios trucos, es hora de mezclar y experimentar. Por ejemplo, podrías empezar adivinando una carta (como "Adivino tu carta", de la página 103) y luego juntarlo con uno de predecir una carta, como el de la página 151. Puedes crear una historia sobre tu habilidad para leer mentes y después predecir el futuro. ¡Combina tus juegos favoritos, cuenta una historia y crea una rutina única que mueva emociones en la audiencia!

¿Cómo puedo mejorar la magia que hago?

Practica, practica y practica. La práctica no termina frente al espejo o en tu cuarto. La magia cobra vida cuando la compartes con otras personas. Sal, muestra tus trucos y sorprende a quienes te rodean. Esto no solo afinará tus habilidades técnicas, también te ayudará a desarrollar confianza y destrezas sociales.

¿Qué debo considerar sobre el espectador?

¡TU AUDIENCIA ES LA PARTE MÁS IMPORTANTE DE LA MAGIA!
Sin ellos, no hay ilusión ni maravilla. Asegúrate de generar asombro y alegría y nunca los hagas sentir incómodos por no entender cómo funciona el truco. La verdadera magia ocurre cuando conectas con las personas y creas momentos que jamás olvidarán.

¿PREGUNTAS Y RESPUESTAS?

¿Puedo compartir mi magia en redes sociales?

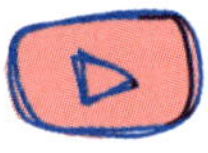

¡Por supuesto! Las redes sociales son un espacio increíble para mostrar tu creatividad y conectar con otros amantes de la magia. Puedes grabar tus trucos, compartir tus ideas y recibir comentarios que te ayuden a mejorar. Sin embargo, recuerda que no deben convertirse en una obsesión. Usa las redes como una herramienta para inspirarte y compartir, pero no olvides que la magia más especial sucede en persona.

Si decides compartir tus trucos en línea,
¡ME ENCANTARÍA VERLOS!
No olvides etiquetarme en tus videos como @PalomaresMagic. ¡Quién sabe! Quizás hasta terminemos aprendiendo unos de otros.

A:

POR:
REALIZAR TODOS LOS TRUCOS
DE MAGIA Y DIVERTIRTE.

SOLUCIONES

JUGUEMOS A LAS ESCONDIDAS

✧ La nariz de la bruja es también el mentón de la mujer joven.

página 22.

✧

página 23.

✧

página 23.

LA COPA DE RUBIN

página 24.

ENCUENTRA EL ERROR

✧ La palabra "el" aparece dos veces en el enunciado.

¿Puedes encontrar el
el error?

1 2 3 4 5 6 7 8 9

página 45.

PARADOJA CON TU MADRE

- Ambos tienen razón. En una situación paradójica, la lógica nos lleva a conclusiones opuestas.

páginas 46 y 47.

EL CONTRATO

- Esto sería lo que ganarías cada día:

Día 1: 10 centavos
Día 2: 20 centavos
Día 3: 40 centavos
Día 4: 80 centavos
Día 5: $1.60
Día 6: $3.20
Día 7: $6.40
...
Día 10: $51.20
...
Día 30: $53 687 091

¡Eres millonario!

página 48.

ACERTIJOS

1. El número 8.
2. Un pozo o agujero.
3. A ninguna, las ambulancias no apagan incendios.
4. Mil.
5. Aguacate.
6. Doce. Todos los meses tienen veintiocho días.
7. "T". Es un juego de palabras. La palabra "termina" empieza con la "T".
8. La letra "M".

páginas 48 y 49.

JUEGO DE PALABRAS

✧ **Camaleón**
página 50.

✧ **Un soldado pide la pizza**
página 50.

TRAZOS MÁGICOS

LA PIZZA CON PEPPERONI

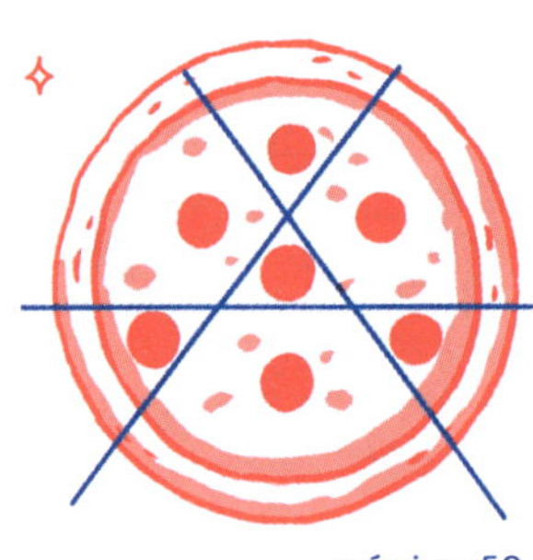

página 50.

página 51.

EL LOBO, LA CABRA Y LA COL

- **Primero cruzas a la cabra y la dejas en la orilla opuesta.**
- **Regresas solo a la primera orilla y te llevas al lobo.**
- **Al llegar, dejas al lobo y tomas a la cabra y la regresas a la primera orilla.**
- **Después dejas a la cabra y recoges la col y la llevas a la orilla opuesta.**
- **Finalmente, regresas por la cabra y haces tu último viaje.**

página 52.

EL RELOJ

página 53.

CON UN SOLO TRAZO

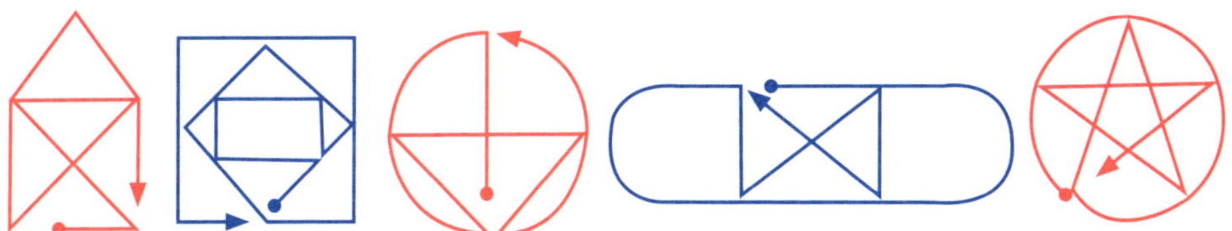

página 53 y 54.

LA BEBIDA ENVENENADA

- El veneno estaba en los hielos. A Jorge se le derritieron por el sol; a Andrea, no.

página 59.

EL ROBO

- Los vidrios rotos de la ventana estaban en la parte de afuera. Eso quiere decir que la señora Carmen rompió la ventana desde adentro, para simular que alguien entró a su casa.

página 60.

DESPEDIDA
A

Quiero darte las gracias, de todo corazón, por acompañarme en esta mágica aventura. Que eligieras leer este libro significa muchísimo para mí. Espero que hayamos conectado de una forma especial a lo largo de estas páginas. Escribí este libro pensando en el mago que era cuando comencé y deseaba tener una guía que no solo me enseñara trucos, sino también cómo abrazar los errores, superar los fracasos y crecer a través de ellos.

No soy el mago perfecto y nunca lo seré. Pero te aseguro que cada fallo, cada intento y cada momento de duda han valido la pena, pues me llevaron hasta aquí. Espero haberte transmitido todo lo que he aprendido en el camino. Mi deseo más grande es que este libro no solo te haya dado herramientas para sorprender a tus espectadores, sino también para conectar con las personas de una manera mágica y auténtica.

Ahora, tú y yo somos colegas en este fascinante mundo de la magia; juntos compartimos una pasión que nos une. Recuerda algo muy importante: si tienes un talento, una pasión o algo que te genere curiosidad, síguelo y explóralo. No importa cuántos errores cometas o cuántos retos enfrentes, lo más valioso es el aprendizaje y las aventuras que descubrirás en el proceso.

Ah, y antes de despedirme, tengo que agradecer a alguien muy especial, que nos acompañó en cada página: mi amigo Puffy. Mientras escribía este libro, siempre estuvo a mi lado, como un pequeño guardián de la magia. Deseo que hayas disfrutado sus apariciones tanto como yo disfruté de su compañía al escribir este libro.

Esto no es un adiós, sino el comienzo de algo maravilloso. Ahora, la magia está en tus manos. Sal, sorprende y haz que el mundo sea un lugar un poquito más mágico.
Esto fue *Abracadabra*. ¡Abrazo de magia!

AGRADECIMIENTOS

Este libro no habría sido posible sin la ayuda de tantas personas con las que estaré eternamente agradecido.

- Primero que nada, quiero agradecer a mis papás, cuyo amor, cariño y confianza me han acompañado en cada paso y decisión de mi vida, siempre apoyaron mi pasión con magia; sin ellos, no sería la persona que soy hoy.
- A mis hermanos, Prisci, Meli y Mau, por aguantarme durante tantos años mientras practicaba mi magia y por ser mis mejores amigos.
- A mis abuelos, Luis y Locha, por ser de los primeros en contratarme para un show y por apoyar incondicionalmente mi carrera como mago.
- A mi tío Ricardo Junco, por darme la oportunidad de presentarme en tantos shows, incluso cuando apenas comenzaba y mi magia aún no era tan buena.
- A mis amigos, quienes me acompañaron durante todo este increíble proceso: Beto Pasillas, por todos sus consejos e ideas creativas; Achille Breux, por su amistad inquebrantable y compañía en el camino; y Alan Banderas, por sus opiniones precisas y esas fotos increíbles.
- A mi primer maestro en la magia, David Affieri, y a todos los magos de los que he aprendido algo a lo largo del camino. Es difícil mencionarlos a todos, pero sé muy bien que hoy estoy de pie sobre los hombros de gigantes.
- A todos los involucrados en este libro: mi editor, Diego Mejía; mi diseñadora, Scarlet Perea; y a Lu y mi hermana Prisci, por sus valiosos consejos creativos.
- A Paulina Casso, Benshorts y Alberto Villarreal, autores que confiaron en mi trabajo y me ayudaron a hacer realidad este proyecto.
- A Diego Feregrino, Mauricio García y José Pablo Olivo, mi equipo de trabajo, que sin ellos no habría podido dedicarle el tiempo y cariño que este libro merece.
- A Sol Arnedo, Peter Rodríguez, Estefanía Morales, Nicolás Galán y Karen Hernández, mi equipo de representación en ZAS Talents, porque sin ustedes mi carrera como mago no estaría donde está hoy.
- A Puffy, por su amor incondicional y por acompañarme, siempre sentadito en mis pies, mientras escribía este libro.
- A todas las personas que me han apoyado en redes sociales, especialmente a mis seguidores. Sin su apoyo, no tendría la oportunidad de compartir mi pasión con tantas personas.
- Y, finalmente, gracias a ti, que tienes este libro en tus manos y me das la oportunidad de introducirte a este maravilloso mundo de la magia.

¿Estabas pensando en la estrella? Si es así, recorta esta y llévala contigo. Será tu token de la suerte. ¡Espero que tu deseo se haga realidad!

Esta obra se terminó de imprimir
en el mes de octubre de 2025,
en los talleres de Litográfica Ingramex S.A. de C.V.,
Ciudad de México.